近現代日本の
税財政制度

髙沢 修一 [著]

財経詳報社

はじめに

　現在，日本国の財政は厳しい状態にあるが，将来は，現状よりもさらに厳しい状態になる。なぜならば，半世紀後には，日本国の人口は現在の半分まで減少し，人口減少と高齢化の進展に伴い税収が大きく落ち込むことが予測されるからである。そのため，人口減少・高齢化社会における政府の果たす役割の重要性が増すことになるが，政府の役割については，「小さな政府」と「大きな政府」という考え方が存在する。

　アダム・スミス（Adam Smith）は，「夜警国家論」を提唱し，政府の介入を基本的人権に限定すると共に，介入対象の範囲を防衛や治安維持等の純粋公共財に定めるべきだと説明するが，政府は，行政サービスを担うことになり，その行政サービスの基盤となる財源として「租税」の存在は重い。

　また，日本国は，安定した労働力の確保を目的として移民を受け入れることを検討しなければならないが，移民の流入と増加は，医療，年金，教育等の社会保障における問題を生起させる可能性がある。現在でも社会保障費は増大しており，「社会保障と税の一体改革」が実施されているが，日本国の財源は慢性的に不足しており，特別公債法に基づく赤字公債（特別公債）を発行して財源不足を補っている状態である。さらに，近隣諸国との関係悪化から国防費・防衛予算の計上も増加しており，財源不足を補うためには国民の理解の下で消費税増税等の税制改革についても検討するべき時期を迎えている。しかし，日本国民の財政破綻についての危機意識は乏しく，「財政」と「租税」について論じられることは稀である。

　また，日本国の財政と税制を学ぶうえでは，現代の税財政の基盤となった明治期以後の国策転換期の財政や税制につても史的考察することが求められる。なぜならば，日本国の財政と税制は，国策転換の影響を受けて歴史的に変遷しているからである。

　実際に，近現代日本の財政及び税制は，明治維新を転換期として富国強兵と殖産興業を政策に掲げて，幕末期に比べて大きく変化し，明治政府は国策を実

現するために財政と税制の整備を行ったのである。そして，日本国の財政と税制は，明治・大正・昭和の各時代の税財政改革と戦時財政や大東亜戦争（アジア・太平洋戦争）後の経済復興・財政再建を経て構築されたのである。

　よって，本書では，日本国の税財政の基礎的知識を得ると共に，税財政における問題点を明確にすることを目的として「財政学」と「税法学」について解説したい。そのため，本書では，税・財政史の視点から，明治期の財政構造と税財政改革（第1章），大正期及び昭和期の財政構造と税財政改革（第2章）について検証し，次いで，財政学の視点から，現代の財政構造と経済的機能（第3章），現代の財政上の重要課題と論点（第4章）について検証し，そして，税法学の視点から，現行の所得課税の構造と論点（第5章），現行の資産課税の構造と論点（第6章），現行の消費課税の構造と論点（第7章），現行の税務行政組織と税理士制度（第8章）について検証したのである。

　なお，刊行については，出版事情が厳しい折りにもかかわらず，本書の出版を引き受けて頂いた株式会社財経詳報社代表取締役の宮本弘明氏とスタッフの皆様に御礼申し上げたい。

　末尾になるが研究活動と税理士活動を支えてくれた両親にも感謝したい。

2019年4月

髙　沢　修　一

目　次

はじめに

第1章　明治期の財政構造と税財政改革 …………………………… 1

第1節　明治維新と明治前期の財政状態 …………………………… 1
第1項　明治前期の政治状況 ………………………………… 1
(1) 明治維新の始期と幕末の財政状態　　1
(2) 明治維新とナショナリズムの形成　　1
(3) 徴兵令の太政官布告と官営工場の設立　　3
第2項　明治前期の税財政改革 ……………………………… 6
(1) 明治前期の歳入状況と歳出状況　　6
(2) 神田孝平の田租改革の建議　　7
(3) 日本資本主義論争と地租改正の評価　　10
(4) 西南戦争と大隈財政・松方財政　　11

第2節　対外戦争と明治後期の財政状態 ………………………… 13
第1項　日清戦争・日露戦争と酒税税則の改正 …………… 13
(1) 日清戦争と日露戦争の開戦分析　　13
(2) 酒税税則の改正と対外戦争の軍費　　17
第2項　明治後期の所得税法改正 …………………………… 20
(1) 明治20年の所得税法改正　　20
(2) 明治32年の所得税法改正　　21

第3節　台湾・朝鮮支配と植民地財政 …………………………… 23
第1項　台湾統治と台湾総督府の財政改革 ………………… 23
(1) 台湾総督府の特別統治主義　　23
(2) 児玉源太郎・後藤新平の財政二十箇年計画　　24

第2項　日韓併合と朝鮮総督府の財政政策……………………………… 25
　　　(1)　日韓併合と憲兵警察制度　　25
　　　(2)　朝鮮総督府の特別会計と鉄道会計　　28

第2章　大正期及び昭和期の財政構造と税財政改革 …………… 32

　第1節　大正期の財政状態と税財政改革 ………………………………… 32
　　第1項　第一次世界大戦当時の財政状態 ……………………………… 32
　　第2項　大正期の所得税法改正 ………………………………………… 33
　　第3項　陸軍の山梨・宇垣軍縮と海軍軍縮条約の締結 ……………… 35
　第2節　昭和前期の財政状態と税財政改革 ……………………………… 38
　　第1項　昭和前期の恐慌と井上財政・高橋財政 ……………………… 38
　　　(1)　昭和金融恐慌と昭和恐慌の性格　　38
　　　(2)　井上財政と高橋財政の評価　　39
　　第2項　満州国の成立と臨時軍事費特別会計 ………………………… 39
　　　(1)　満州事変と満州事件費の計上　　39
　　　(2)　支那事変（日中戦争）と支那事変特別税の創設　　41
　第3節　大東亜戦争（アジア・太平洋戦争）の評価 …………………… 41
　　第1項　第2次近衛文麿内閣の「大東亜共栄圏」構想 ……………… 41
　　第2項　大東亜戦争時の租税収入と戦費調達 ………………………… 46
　第4節　昭和中期・後期の経済政策と財政再建 ………………………… 48
　　第1項　経済安定9原則とドッジ・ライン …………………………… 48
　　　(1)　GHQの「経済安定9原則」の指示　　48
　　　(2)　ドッジ・ラインの経済安定化政策　　48
　　第2項　朝鮮特需と戦後の景気サイクル ……………………………… 49
　　　(1)　戦後復興期の朝鮮特需　　49
　　　(2)　景気サイクルとバブル景気　　50

第3章　現代の財政構造と経済的機能 ……………………………… 52

第1節　政府の経済活動と機能 ………………………………………… 52
第1項　政府の活動領域と役割 ……………………………………… 52
(1) 財政の定義　52
(2) 政府の役割　53
(3) 市場の失敗　53

第2項　公共部門の役割 ……………………………………………… 55
(1) 公共部門の位置づけ　55
(2) 公共部門の政府機能　56

第2節　公共財の評価と公共財の問題点 …………………………… 57
第1項　公共財の分類と只乗り問題 ………………………………… 57
第2項　公的供給と大きな政府の問題 ……………………………… 58

第3節　財政構造と一般会計・予算制度 …………………………… 59
第1項　日本国憲法の財政民主主義 ………………………………… 59
(1) 日本国憲法第7章「財政」の規定　59
(2) 明治憲法と日本国憲法の相違点　60
(3) 財政民主主義の概念　61

第2項　会計情報とPDCAサイクル ………………………………… 62
(1) 国家のバランスシート　62
(2) 一般会計と特別会計　63
(3) 予算制度の仕組み　64

第4節　財政投融資制度と財政健全化 ……………………………… 65
第1項　財政投融資制度の仕組み …………………………………… 65
第2項　国のプライマリーバランス ………………………………… 66
(1) プライマリーバランスの検証　66
(2) 財政支出の課題と財政健全化　67

第5節　公的債務の性格と国債発行 … 68
第1項　公債の分類と国債発行の現状 … 68
第2項　国債発行の経済的機能 … 73
(1) リスク・シェアリング機能　73
(2) クラウディング・アウト効果　74

第4章　現代の財政上の重要課題と論点 … 76

第1節　社会保障費と国防費の関係 … 76
第1項　社会保障費と国防費の対比 … 76
第2項　社会保障と税の一体改革 … 77

第2節　教育政策と医療・介護制度 … 78
第1項　公教育の目的と教育政策 … 78
第2項　医療・介護保険制度の改革 … 79

第3節　年金制度の分析と年金改革 … 81
第1項　公的年金の二階建て構造 … 81
第2項　マクロ経済スライドの導入 … 83

第4節　日米同盟と思いやり予算 … 84
第1項　国防費及び防衛関係費の推移 … 84
第2項　思いやり予算の存在意義 … 87
(1) 日米地位協定及び特別協定の概要　87
(2) 海外駐留を巡る米国軍事戦略の変化　89

第5節　地方財政と法定外税 … 91
第1項　地方財政の仕組みと地方政府の財源 … 91
(1) 地方政府の歳入状況と歳出状況　91
(2) 地方交付税交付金制度と地方財政計画案　94
第2項　法定外税の創設と問題点 … 95

第5章 現行の所得課税の構造と論点 ……………………………… 99

第1節 所得税とシャウプ勧告 ………………………………………… 99
第1項 所得税の計算と所得税改革 ………………………………… 99
(1) 昭和25年度税制改正　99
(2) 所得税の計算方法　101
第2項 所得税を巡る問題点 ………………………………………… 106
(1) 包括所得税論の検証　106
(2) 青色申告制度の検証　107
(3) ふるさと納税制度の検証　108

第2節 法人税と租税競争 ……………………………………………… 112
第1項 法人税の計算と法人税改革 ………………………………… 112
(1) 法人税の計算方法　112
(2) 法人税率の国際比較　114
(3) 連結納税制度の導入　117
第2項 法人税等を巡る問題点 ……………………………………… 119
(1) 欠損金繰越控除制度の検証　119
(2) 内部留保金課税制度の検証　121
(3) 宗教法人等が営む収益事業の検証　121
(4) 法人事業税（外形標準課税）の検証　124

第6章 現行の資産課税の構造と論点 ……………………………… 126

第1節 相続税と租税回避 ……………………………………………… 126
第1項 相続税の計算と新たな租税競争 …………………………… 126
(1) 相続税及び贈与税の主旨　126
(2) 相続税の計算方法　127
(3) 贈与税の計算方法　130
第2項 相続税を巡る問題点 ………………………………………… 133

(1)　法定相続分課税方式の検証　133
　　　(2)　相続税を巡る租税回避の検証　134

第2節　ファミリービジネスと事業承継税制 … 136
第1項　ファミリービジネスの定義 … 136
第2項　物的承継と人的承継の検証 … 137
　　　(1)　事業承継税制の役割と税制への批判　137
　　　(2)　人的承継の課題と第二創業の可能性　139

第7章　現行の消費課税の構造と論点 … 141

第1節　消費税増税の根拠と論点 … 141
第1項　消費税の計算と増税論 … 141
　　　(1)　消費税の計算方法　141
　　　(2)　改正消費税法への対応　142
　　　(3)　消費税の増税論　143
第2項　付加価値税の国際比較 … 146
第3項　消費税を巡る論点 … 147
　　　(1)　税負担の逆進性を巡る論点　147
　　　(2)　仕入税額控除の否認を巡る論点　148
　　　(3)　消費税法7条を巡る論点　149

第2節　酒税法の改正と論点 … 152
第1項　酒税の計算と課税数量 … 152
第2項　酒税法を巡る論点 … 154
　　　(1)　酒税法第7条の検証　154
　　　(2)　酒税法第9条の検証　156

第3節　日・EU間の関税撤廃と輸出免税 … 157
第1項　日・EU間のEPA締結の戦略的意義 … 157
第2項　清酒の輸出動向と輸出免税との整合性 … 159

第8章　現行の税務行政組織と税理士制度 ……………… 163

第1節　税務行政と国税通則法等の改正 ……………………… 163
第1項　税務行政組織と通達の機能 ……………………………… 163
(1) 国税庁の使命と税務行政組織の構造　163
(2) 通達の規制の機能と有用性　165
第2項　国税通則法等の改正と税務調査 ………………………… 166
(1) 国税通則法等の改正と税務調査の手続き　166
(2) 税務調査の法的根拠と査察調査の状況　167

第2節　税理士制度と税理士の社会的使命 …………………… 171
第1項　税理士法改正と税理士制度の整備 ……………………… 171
第2項　税理士の使命・倫理と独占業務 ………………………… 172
(1) 税理士の使命と倫理　172
(2) 税理士の独占業務　172
(3) 東アジアの税務専門家制度　174

索引 ……………………………………………………………………… 176

第1章　明治期の財政構造と税財政改革

第1節　明治維新と明治前期の財政状態

第1項　明治前期の政治状況

(1)　明治維新の始期と幕末の財政状態

　明治維新の始期については，天保期（1830年から1840年代前半）とする説とアメリカ合衆国の国使ペリー（Matthew Perry）が浦賀に来航した嘉永6（1853）年とする説の二つがあるが，明治維新の始期は，国内的条件と国際的条件とが複雑に絡み合った結果であると認識すべきである。つまり，明治維新の始期とは，先進資本主義諸国である欧米列強による国際的重圧と幕末の幕藩体制の崩壊という国内的状況とが相関的に絡み合った時期のことを指す。

　また，幕末期の幕府の財政収入としては，①天領（直轄領）から徴収した年貢，②山野・河海・湖沼に課せられた雑税である小物成，③商工業者の営業に課される運上金・冥加金，④佐渡金山・伊豆金山・足尾銅山等の鉱山からの収益，⑤大都市の町人に課せられた御用金等が挙げられ，そして，幕府の財政支出としては，①旗本・御家人に給する禄米及び役料，②将軍の家計費，③行政費等が挙げられる。

　しかし，幕末期の徳川幕府の財政状態は窮乏していた。なぜならば，徳川幕藩体制は，封建的支配階層が被支配階層である農民階層からその貢租余剰生産物を収奪するという構図を描くことにより成立していたため，江戸元禄期以後の商人階層の台頭に伴う貨幣経済の発達に伴う流通形態の変化に対応することができなかったからである。

(2)　明治維新とナショナリズムの形成

　江戸期の閉鎖的な鎖国体制から幕末の開国へと国策を転じた明治維新期は，"ナショナリズム"（nationalism）が形成された時代であるが，このナショナリズムについては，藤田幽谷，古谷令世，藤田東湖，及び会沢正志斉などが提唱

した「後期水戸学」を源流とする幕末維新期の尊皇攘夷運動を発端とするものでなく，民衆の政治参加の可能性を示唆した明治期の「自由民権運動」により初めて形成されたとする考え方も存在する。確かに，幕末維新期の尊皇攘夷運動における主役は，民衆ではなく尊皇攘夷に身を投じた下級武士たちであり，明治維新期の尊皇攘夷運動をナショナリズムとして容認しないという見解は傾聴に値する。しかし，明治維新のような大業は，独り薩長土肥を主体とする諸藩の下級武士たちの活躍のみで達成できるような安易なものではなく，討幕という国内革命を目論む下級武士たちの主導の下，民衆を巻き込んだイデオロギーの発露であると考えられる。

つまり，近代日本に登場したナショナリズムとは，図表1-1に示すように，明治維新の原動力となったイデオロギーであり，天皇制の形成過程や国体論との関係で，特に人心収攬という点で大きな役割を果たし，帝国主義やファシズムに変容・変貌した。そして，明治維新を契機として創成されたイデオロギーの担い手である明治政府は，"万世一系の天皇"を奉戴した中央集権国家の樹立のため，大日本帝国（以下，「帝国」とする）の臣民に対して帝国及び天皇に対する個人的忠誠心に基づく従属関係を求めたのである。

また，高坂正顕は，明治期の区分について「明治初年から明治22・23年あたりに及ぶ時期を明治前期とする」と指摘するが，明治前期は，欧米列強からの外圧に抗するために"富国強兵"と"殖産興業"を国策として掲げ，国内にナ

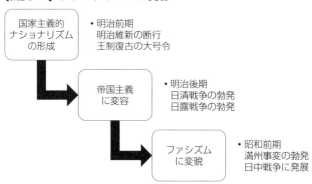

【図表1-1】ナショナリズムの変容

(出所)『近現代日本の国策転換に伴う税財政改革』（大東文化大学経営研究所，2017年）14ページ参照。

ショナリズムが生起し始めた時代であり，明治後期は，第一次日英同盟の締結（明治35年）と日露戦争（明治37年〜明治38年）の勝利を背景として，アジアの盟主の座を目指してナショナリズムが"帝国主義"に変容し，外征を支持容認する雰囲気が国内に蔓延し始めた時代である。

(3) 徴兵令の太政官布告と官営工場の設立

明治政府は，欧米列強に追いつくことを目的として"富国強兵"と"殖産興業"を国策に掲げ，明治6 (1873) 年に太政官布告により「徴兵令」を発した。この徴兵令は，国民皆兵の政策の下，満20歳以上の男子を対象として徴兵検査の合格者に対して3年間の常備軍の兵役の義務を課すものであり，兵役の義務を果した国民は，常備軍退役後も後備軍として戦時招集の対象者になったのである（但し，官庁勤務者及び官公立学校生徒等は兵役対象外である）。

また，明治政府は，図表1-2に示すように，「地租」と「酒税」に依存するという極めて脆弱な財務体質を有していた。そのため，明治政府が西欧列強に伍して安定した国家運営を行うためには，地租と酒税に替わる新たな財源を確保しなければならず，殖産興業を国策に掲げて民力の向上を図るため，明治6 (1973) 年に内務省の管轄下で，図表1-3に示すような官営模範工場を設立し殖産興業に努めたのである。

【図表1-2】明治期の内国税の税収入推移　　単位：万円

	明治10(1877)年		明治20(1887)年		明治30(1897)年		明治40(1907)年	
	税収額	比率	税収額	比率	税収額	比率	税収額	比率
地租	3,945	86%	4,215	68%	3,796	44%	8,497	35%
酒（類）税	305	7%	1,307	21%	3,110	36%	7,840	33%
郵便税	81	2%	—	—	—	—	—	—
煙草税	—	—	159	3%	493	6%	—	—
所得税	—	—	—	—	—	—	2,729	11%
その他の税	225	5%	531	8%	1,290	14%	5,045	21%
内国税決算額計	4,556		6,212		8,689		24,103	

(出所)『国税庁統計年報書第100回記念号』。(1976年) 41ページを基に作成。

【図表1-3】官営模範工場の設立と払い下げ

設立年	工場名	備考
明治5（1872）年	富岡製糸場	明治26（1893）年，三井財閥に払い下げられる。
明治6（1873）年	札幌開拓使麦酒醸造所	明治19（1886）年，大倉喜八郎に払い下げられる。
	深川セメント製造所	明治17（1884）年，浅野総一郎等に払い下げられる。
明治10（1877）年	長崎造船所	明治20（1887）年，三菱財閥に払い下げられる。
	兵庫造船所	明治20（1887）年，川崎正蔵に払い下げられる。
明治14（1881）年	愛知紡績所	明治19（1886）年，篠田直方に払い下げられる。

　つまり，明治政府は，世界資本主義下の後進国として欧米列強に追いつくためにも殖産興業を目的として官営模範工場を設立し，徴兵制の整備，陸海軍の創設，及び軍備増強等の富国強兵策を推し進めたのである。

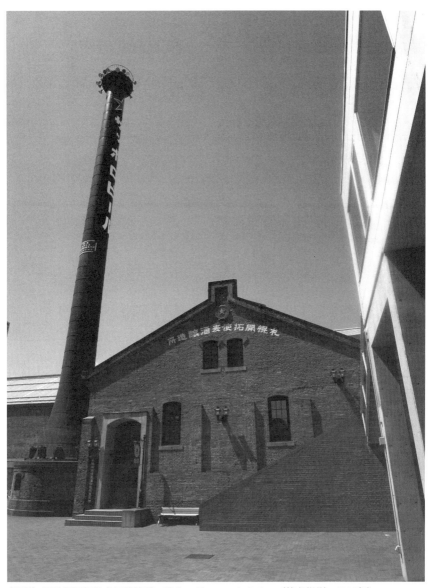

(出所）旧札幌開拓使麦酒醸造所・現サッポロファクトリー（筆者撮影・2016年）

第2項　明治前期の税財政改革
(1)　明治前期の歳入状況と歳出状況

　明治政府は，戊辰戦争の勝利に伴い獲得した幕領没収高・約800万石と東北諸藩の没収高・約100万石を加えた約900万石を財政基盤とするが，徳川宗家（府中藩）に配した70万石と賞典禄約100万石の計約170万石を取り除くと，明治政府の草創期の歳入基盤は僅か約730万石であった。例えば，明治前期の歳入は，図表1-4に示すように，明治政府の第1期の歳入総計は3,308.9万円であり，このうちの89.9％にあたる2,942.4万円が例外歳入であり，例外歳入中，最も巨額な収入は2,403.7万円の「紙幣発行収入」であり，次いで，473.2万円の「借入金」が多く，逆に，通常歳入合計は366.5万円であり，歳入総計に対して11.1％を占めるにすぎない。

　また，第2期の歳入総計は約3,443.8万円であり，この内86.5％にあたる2,977.2万円が例外歳入であり，さらに，例外歳入中，最も巨額な収入は2396.3万円の「紙幣発行収入」であり，次いで，489.8万円の「臨時貸金返納他」であり，逆に，通常歳入合計は466.6万円であり，歳入総計に対して13.5％を占めるにすぎない。この臨時貸金返納他とは，臨時貸金の返納金及び旧徳川幕府・旧藩の所有金の公納等の臨時収入である。

　つまり，明治前期（第1期・第2期）の歳入は，征討その他の費用に充てるために発行された太政官札である「紙幣発行収入」を拠りどころとして成り立っていたのである。

　しかし，明治政府の歳入状況は，廃藩置県を契機として，次第に「租税」の占める割合が増え，租税収入は，第5期（2,184.5万円・歳入総計に占める割合43.3％），第6期（6,501.5万円・歳入総計に占める割合76.0％），第7期（6,530.3万円・歳入総計に占める割合91.1％），第8期（7,652.9万円・歳入総計に占める割合88.7％）と増加した。そして，歳入における租税収入の増加の要因としては，明治6（1873）年に開始された地租改正事業の成功が考えられる。

　実際に，内国税収の内で地租の占める割合は，明治10（1877）年〈86％〉，明治20年（1887）年〈68％〉，明治30（1897）年〈44％〉，明治40（1907）年〈35％〉と減少しつつも高い数値を示している。加えて，酒税の存在も大きく，明治10（1877）年〈7％〉，明治20年（1887）年〈21％〉，明治30（1897）年〈36％〉，明治40（1907）年〈33％〉と推移している。

【図表1-4】明治前期の歳入状態　　　　　　　　　　単位：万円（千円未満四捨五入）

	通常歳入			例外歳入		
	租税	通常貸金返納地	官有物所属収入他	紙幣発行収入	借入金	臨時貸金返納他
第1期	315.7	12.5	38.3	2,403.7	473.2	65.5
第2期	439.9	8.9	17.8	2,396.3	91.1	489.8
第3期	932.4	15.8	56.1	535.5	478.2	77.9
第4期	1,285.2	48.6	200.3	214.6	―	465.8
第5期	2,184.5	60.2	197.6	1,782.5	―	819.7
第6期	6,501.5	200.3	354.5	―	1,083.4	411.1
第7期	6,530.3	19.9	379.9	―	―	235.6
第8期	7,652.9	34.3	620.9	―	―	324.0

(注) 第1期（1867年12月～1868年12月），第2期（1869年1月～1869年9月），第3期（1869年10月～1870年9月），第4期（1870年10月～1871年9月），第5期（1871年10月～1872年12月），第6期（1873年1月～1873年12月），第7期（1874年1月～1874年12月），第8期（1875年1月～1875年6月）
(出所) 大蔵省編纂，『明治前期財政経済史料集成』第4巻（改造社，1932年）7-47頁を基に作成。

　また，明治前期の歳出は，図表1-5に示すように推移するが，陸海軍費の歳出に占める割合が，第1期（3.5％），第2期（7.4％），第3期（7.5％），第4期（16.9％），第5期（16.6％），第6期（15.4％），第7期（12.7％），第8期（16.3％）と漸次，増加傾向を示している。特に，第4期の陸海軍費の歳出に占める割合が，第3期に比べて著しく増加しているが，これは，仙台，東京，大阪，及び熊本に四鎮台を設置したためである。そして，廃藩置県に伴って，明治政府が旧藩主及び藩士に対して支給した家禄である「諸禄及び扶助費」は明治前期財政の大きな負担であった。加えて，鉄道，電信，造船，及び造幣等の各官工に属す経費である「官公諸費他」の歳出が増えている。つまり，明治前期財政は，急速に国家体制を近代化させたため歳出が増大したと推測できる。

(2)　神田孝平の田租改革の建議
　明治政府は，明治4（1871）年に，「租税ハ建国ノ基本ニシテ，民心ノ向背ニ関スル至重ノ事件ナリ。将ニ海外一般ノ法則ヲ定ントス」と諸藩へ達し地租改

【図表1-5】明治初期の歳出状態

単位:万円(千円未満四捨五入)

	通常歳出				例外歳出			
	各官省経費	陸海軍費	各地方諸費	諸禄及び扶助費他	征討諸費	旧幕旧藩に属する諸費	官工諸費他	勧業その他諸費臨時貸金
第1期	167.5	106.0	93.8	183.3	451.2	102.2	130.8	1,815.7
第2期	242.5	154.8	157.1	381.6	231.6	57.0	403.3	450.7
第3期	284.7	150.0	126.9	413.4	122.8	145.8	701.0	66.2
第4期	279.0	325.3	97.9	520.4	9.6	125.2	482.5	83.6
第5期	451.9	956.6	769.8	2,069.0	0.4	454.4	654.2	416.5
第6期	541.8	968.8	896.6	2,665.0	8.2	354.8	832.2	8.7
第7期	591.6	1,041.8	1,052.8	3,314.0	323.8	227.9	1,550.9	125.0
第8期	305.1	1,078.5	680.5	3,220.1	147.5	27.7	983.6	170.5

(注) 第1期(1867年12月~1868年12月),第2期(1869年1月~1869年9月),第3期(1869年10月~1870年9月),第4期(1870年10月~1871年9月),第5期(1871年10月~1872年12月),第6期(1873年1月~1873年12月),第7期(1874年1月~1874年12月),第8期(1875年1月~1875年6月)
(出所) 大蔵省編纂,『明治前期財政経済史料集成』第4巻(改造社,1932年)7-47頁を基に作成。

正を示唆した。言うまでもなく,地租は,徳川幕藩体制時代においても最重要な租税であったが,諸藩によりその徴収方法が異なるため,明治維新政府は,租税徴収制度の統一化と画一化を図ったのである。

すなわち,明治政府は,中央集権国家樹立を目指して財政的基盤を確立することを目的として,租税収入の主体である地租の徴収制度及び徴収組織を整備したのである。つまり,明治政府は,地租を全国一律で徴収し,貨幣形態で課税し,そのため,まず,徳川封建体制下の旧法を廃止して地価を課税標準とする定額金納の租税体系を確立した。

しかし,地価を確定する試みは,土地に対する封建的諸原則を撤廃し,土地私有権の法的確認を行い,土地の商品化を推進しなければならず,この地券制度は資本主義の成立を強力に促進する契機となったのである。

また,地租改正の実施においては,明治3(1870)年に,「田租改革の建議」を草案して地租改正を高唱した神田孝平の存在が大きい。つまり,神田は,旧来の物納制が近代的な租税制度として不適格なものであることを説き,そして,

「田地売買ヲ許シ沽券高二準シ金子ニテ収ムルヨリ善キハナシ」と述べ，土地の永代売買禁止を解除してその自由売買を許可し，地租の金納制の確立を提言したのである。例えば，神田が草案した租税の全国的統一と課税の公平という近代的租税制度の確立に対する要求は，明治5（1872）年の陸奥宗光の「田租改正の建議」を始めとする地租改正の動きにも大きな影響を与え，陸奥は，神田の思想を継承し従来の米納貢租の弊害を説き，地価に従って地租を賦課すべきであることを主張し，その後，陸奥は租税頭に登用され，地租改正を主導したのである。

また，神田幸平の思想は，大蔵卿大久保利通と大蔵大輔井上馨に影響を与え，大久保と井上の二人は連署して「地所売買放禁分一収税施設之儀正院伺」を提出したが，この改正地租は，公平，明確，便宜，及び最小徴税費を強く打ち出している点から，不明確ながらもアダム・スミス（Adam Smith）の租税原則の理念に基づいていると評される。

その後，明治6（1873）年，大蔵大輔井上馨は，「石高廃止之儀正院伺」を提出し，「石高ノ称ヲ廃シタルニ由リ地租ハ従来ノ税額ヲ反別ニ配賦収入セシム」が布告されることにより，石高の制は完全に廃止され地租改正が断行された。しかし，この地租改正事業は，明治6（1873）年に着手され，田畑宅地については明治9（1876）年に終了するが，山林原野については明治14（1881）年までかかるという大事業であった。

また，改正地租の特徴については，「1. 課税標準…旧地租は土地の収穫を標準として賦課されていたが，新法では改めて地価を標準として課税されることになった。2. 税率…新地租は，地価100分の3をもって定率とし，年の豊凶による増免は，天災による地租変換の場合を除いて一切行わないことを規定した。3. 収納物件…物納を廃し，一律に金納とした。4. 納税義務者…納税者は土地の占有者ではなく，所有権者とした」と説明される。そして，明治政府は，封建的土地所有の撤廃と近代的土地所有の確立を前提とする財政的基盤の確立のため，租税収入の大部分を占める地租の徴収組織を整備して安定的な租税収入を確保することを目的として「地租改正」と称される画期的な財税制改革を実施したのである。

つまり，明治政府は，財政的基盤を確立するために，その租税収入の大部分を占める地租の徴収組織を整備して収入を確保したが，換言すれば，明治政府

としては，豊凶や米価の変動に煩わされることのない安定した税収である地租収入を能率的に得なければならず，その収入は貨幣経済の発展に対応して貨幣で確保することが求められたのである。そして，改正地租の租税収入は，四民平等の立場を提唱する中央集権国家を標榜するうえで，全国から公平的，統一的，及び画一的に徴収されており，近代的租税としての要件を備えたものあると評される。

(3) **日本資本主義論争と地租改正の評価**

　明治維新の形成過程を巡る戦略戦術論争については，「絶対主義王政説」と「ブルジョア革命説」の二者択一の選択がある。一方，地租改正の本質についても，改正地租は「封建的物納貢租」を全国的規模で継承したものにすぎないと捉えるべきであるか，封建的性格の残滓を色濃く窺わせながらも，本質的に近代的な租税に転化したものであると捉えるべきであるかという点で，「日本資本主義論争」の論点の一つとなっている。

　つまり，改正地租は，その税率の高さにおいて徳川封建体制下の貢租額と変わらない高率で賦課されているため，改正地租とは，封建的物納貢租が単に金納納付に転形したものにすぎないとして，改正地租が近代的租税形態を備えているにもかかわらず，地租改正の本質を巡って学問的対立が生じたのである。確かに，改正地租は著しく高率であり，量的な面でも徳川封建体制下の年貢率とほとんど変わらないため年貢を継承していることは明白である。例えば，地租改正当時の貢租率は25.5％であり，地租の30％に当たる村入費を合算したならば貢租率は計約34％となる。これに対して，徳川幕藩体制下における年貢率は，天領及び各藩により賦課率が異なるが，概ね五公五民の約50％であると評される。そして，実際の貢租率は約37％であるとの研究成果もあり，改正地租の貢租率とほぼ同一であると指摘できる。そのため，単に，貢租率だけで比較したならば，改正地租はその重さにおいて徳川封建体制下の封建貢租とほとんど変わらない貢租率であると指摘できる。

　しなしながら，地租改正は，近代的土地所有制度を確立し，封建的物納貢租を近代的租税に転化させ，明治政府の財政状態を安定させると共に資本主義の発達と近代国家の確立を成し遂げた画期的な試みであると評価されるべきである。

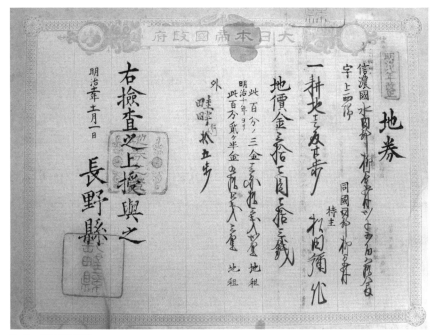

地券（著者所蔵）

(4) 西南戦争と大隈財政・松方財政

　明治期の財政を担ったのは，図表1-6に示すように，由利公正，大隈重信，松方正義である。まず，明治前期の財政を担ったのは由利公正である。由利は，明治政府の財政を安定させるために，京阪地区という近畿圏の商人資本からの借入金と，旧徳川幕府領と東北諸藩からの没収所領だけでは財源不足であると認識しており，政府紙幣を発行することにより財政基盤の安定化を図ったのである。つまり，由利は，政府運営のための財源不足を太政官札の発行に求めたのであるが，明治政府が発行する金札に対する信用が乏しく，太政官札が正金に引き換えられるケースが多発しその価値を大きく下落させた。しかし，徳川幕藩体制下の貢租（年貢）を主体とする財政体質からの脱却を目指して貨幣を主体とする金融・経済資本の樹立に努めた由利の手腕は評価される。

　次いで，由利を引き継いで明治政府の財政を担当した大隈重信は，由利が着手した金札発行政策を推し進めるため，明治2（1869）年に大蔵省を設立して

貨幣制度を樹立し，明治4（1871）年の廃藩置県に際して新貨幣制度を確立し，明治6（1873）年に「地租改正」事業に着手した。さらに，大隈は，「積極財政」を提唱して国立銀行条例を改正し通貨供給量の増加を図ると共に，横浜正金銀行や官営工場を設立し殖産興業や生糸等の輸出振興を奨励して国際収支と財政収支の改善に努めたのである。既述のように，大隈は，地租改正や財政政策を断行し明治政府の財政を安定させるという功績を挙げたのであるが，西南戦争終結後にインフレーションを生起させた。西南戦争とは，征韓論に敗れて下野した西郷隆盛が明治10（1877）年に起こした不平士族の反政府反乱のことであり，明治9（1876）年に生起した神風連の乱，萩の乱，秋月の乱等の一連の不平士族による反政府反乱を凌駕する最大かつ最後の反乱であったが，兵員輸送に優れ近代化された明治政府軍により鎮圧される。そして，大隈は，西南戦争における軍費調達を政府紙幣と国立銀行券の増発により賄ったため，西南戦争終結後にインフレーションが生起することになり，そのインフレーションの処理方法を巡り大蔵卿の大隈重信と大蔵大輔（次官）の松方正義の意見が分かれる。例えば，大隈は，市場に溢れている不換紙幣の回収に際して，外債発行によって獲得した銀貨を用いるべきであると考えたのに対して，松方はそこまでの積極策を講じるべきでなないと考えていた。そのため，大隈と見解を異にする松方は内務卿に人事異動させられることになるが，明治十四年の政変で，大隈が失脚すると大蔵卿としてインフレーション対策を担当することになる。

　松方は，大隈の後任者として明治14（1881）年から明治25（1892）年の11年間にわたり大蔵卿（後に，大蔵大臣）を務めるが「緊縮財政」を提唱し，日本

【図表1-6】明治期の主な財政担当者（大蔵卿）

銀行の設立，本位貨幣（正貨）の蓄積，行政経費を削除，歳入の増加（醬油税や菓子税等の創設・酒造税や煙草税の増税），不換紙幣の回収と処分，官営工場の払い下げ等の財政政策を実施しインフレーションを抑えるという点においては大きな成果を挙げたと評される。

しかし，松方財政は，大量の不換紙幣の回収に伴う貨幣供給量の減少が物価下落によるデフレーションを招来させた。そして，松方財政は，農作物（米・繭等）の価格下落により農民の生活破綻をもたらし大地主層に利したばかりでなく，官営工場の払い下げは政商にも利することになり，「財閥」を誕生させる契機ともなったのである。

第2節　対外戦争と明治後期の財政状態

第1項　日清戦争・日露戦争と酒税税則の改正

(1) 日清戦争と日露戦争の開戦分析

清国と朝鮮は，図表1-7に示すように，宗主国と朝貢国との関係にあり，朝鮮も清国との宗主・藩属関係を巧みに利用した。しかし，国際間の条約締結において朝貢国の存在が承認されるわけがなく，明治政府が朝鮮との間で日鮮修好条規（江華条約・丙子修好条約）を締結する際にも清国・朝鮮間の宗主・藩属関係については容認していない。

明治9（1876）年，日朝修好条規が締結され，明治4（1871）年，日清修好条規が締結する。その後，明治政府は，明治15（1882）年の壬午事変を受けて

【図表1-7】朝鮮を巡る東アジアの勢力図

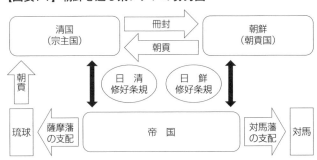

（出所）高沢修一著，『近現代日本の国策転換に伴う税財政改革』（大東文化大学経営研究所，2017年）46ページ参照。

対清戦争を強く意識するようになる。壬午事変とは，明治15（1882）に興宣大院君等の煽動を受けた兵士たちが政権を担当していた閔妃一族，帝国の公使館員，及び軍事顧問等を殺害した事件であり清国軍が鎮圧に乗り出し，袁世凱は，大院君を逮捕すると共に閔氏を政権に復帰させ，反乱鎮圧後も帝国の公使護衛を名目として漢城に滞在した。明治政府は，李氏朝鮮との間で済物浦条約を締結し，公使館の警備を目的として軍を朝鮮に駐留させたのである。

つまり，日清両国は，壬午事変を契機として対立を高め，明治27（1894）年に生起した甲午農民戦争（東学党の乱）が引き金となり，帝国軍は，清国が朝鮮に出兵したことに対抗し，公使館及び居留民の保護を目的として天津条約に基づき朝鮮に出兵する。そして，帝国海軍は，豊島沖海戦，及び黄海海戦に勝利し，帝国陸軍は，成歓の戦い，平壌の戦い，及び旅順攻略で勝利し，さらに，陸海軍共同の山東作戦で清国の北洋艦隊を降伏させ，遼東半島と澎湖列島を占領し日清戦争に勝利するのである。この日清戦争の要因としては，図表1-8に示すように，「帝国の自主独立・朝鮮半島の領有」と，「天皇制度の確立・薩長藩閥軍部の伸長」という二つの要因が挙げられる。

しかしながら，帝国と清国は始めから戦争を意識していたわけではなく，帝国側は，「朝鮮問題を解決するためには，朝鮮の宗主国たる清国と条約締結するべきである」として日清修好条規締結を目指し，清国側の李鴻章（直隷総督兼北洋通商大臣）も「帝国と連携して西洋諸国に対抗するべきである」と考え条規の締結を目指していた。結果論にしかすぎないが，伊藤博文と李鴻章の二人が非戦・同盟論者であるということを鑑みれば，両者の政治判断が両国の政府首脳に浸透していたならば日清戦争を回避することができたはずであり，アジアの歴史も大きく変化したはずである。

また，日清戦争勃発時の明治政府は，財政面でも国際的信用を得るまでには至っていなかったため海外の投資家から債権を集めることができず，日清戦争

【図表1-8】 日清戦争の要因

```
        ┌─────────────┐
        │  日清戦争の要因  │
        └───────┬─────┘
          ┌─────┴─────┐
    ┌─────┴─────┐ ┌─────┴─────┐
    │ 帝国の自主独立 │ │ 天皇制度の確立 │
    │ 朝鮮半島の領有 │ │ 藩閥軍部の伸長 │
    └───────────┘ └───────────┘
```

の遂行に際して，戦争資金の多くを「内国債」に依存した。そして，日清戦争は，明治維新後の近代日本が初めて経験した本格的な対外戦争であるが，財政面において投機的な側面が強く薄氷を踏むような状態であった。例えば，日清戦争の軍費は開戦前年度の国家予算の約2.5倍であるが，日清戦争に勝利して戦後に賠償金を得られなければ国家財政は破綻していたのである。但し，日清戦争は，戦後に賠償金を得られたため収入額が支出額を上回った唯一の対外戦争として評価され，この点に日清戦争の特異性が窺えるのである。

　その後，明治政府は，日清戦争の勝利に伴い帝国主義的国家への第一歩を踏み出すが，必ずしも朝鮮半島の支配を完全に確立できたわけではなく，ロシアと対峙することになる。しかし，伊藤博文や山県有朋等の明治政府首脳は，始めから反ロシア路線を標榜していたわけではなく，「小村・ヴェーベル覚書」（明治29年・1896年），「山県・ロバノフ協定」（明治29年・1896年），及び「西・ローゼン協定」（明治31年・1898年）等の日露協議の場が設けられ，ロシアの満州経営を是認する代わりに日本の朝鮮経営も是認させるというロシア融和策も検討されたのである。

　しかし，明治33（1900）年に勃発した義和団の乱は，明治政府の対ロシア方針を変更させた。義和団の乱とは，扶清滅洋をスローガンに掲げて，山東，直隷（現河北省），河南，及び北京等一帯に急速に勢力を拡大するが，居留民保護の任を帯びるロシア，イギリス，フランス，イタリア，アメリカ，及び帝国の軍隊が参戦したことにより短期間で鎮圧されたが，乱の鎮圧後もロシアが満州から撤退せずに駐留したため，明治政府はロシアの南下政策に疑念を抱くことになる。同様に，ブーア戦争（南アフリカ戦争）の対応に追われ中国にまで軍事干渉する余裕のないイギリスにとっても，ロシアの南下政策は歓迎できるものではなかった。その結果，明治35（1902）年に「第一次日英同盟」（明治35年）が締結された。そして，西欧諸国を代表する英国が帝国の朝鮮における権益を承認したという事実は，西欧列強の一員になったと明治政府を錯覚させることになり，朝鮮（李氏朝鮮）及び中国（清国）への侵略を加速させたばかりでなく，明治政府の朝鮮侵略を肯定すると共に，明治期のイデオロギーにも影響を与えることになり，"ナショナリズム"を"帝国主義"に変容させる契機となったのである。但し，帝国国内では，図表1-9に示すように，ロシアとの戦争を回避することが難しいと判断する山県有朋（元老），桂太郎（首相），小村寿

【図表1-9】 日露戦争の要因分析

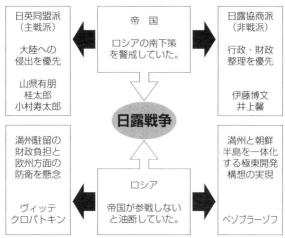

（出所）髙沢修一著,『近現代日本の国策転換に伴う税財政改革』（大東文化大学経営研究所, 2017年）63ページ参照。

太郎（外務大臣），及び陸海軍首脳部と，あくまでもロシアとの協調路線を模索するべきであると主張する衆議院第一党である政友会の伊藤博文，井上馨との間でロシア外交を巡り対立が生じた。

　当時，帝国国内は，「ロシアの南下」を防ぎ，大陸への侵出を優先するべきだと考える山県有朋，桂太郎，及び小村寿太郎の「日英同盟派」と国内の行政整理及び財政整理と国内インフラの整備を優先するべきであると考える伊藤博文，及び井上馨の「日露協商派」とに分かれており，ロシア国内においても，満州駐留軍に対する財政負担の重さをと欧州方面の防衛を憂慮するヴィッテ及びクロパトキン一派と，満州と朝鮮半島の一体化を前提とする極東開発構想の実現を模索するベゾブラーゾフ一派とに分かれていた。

　つまり，帝国とロシア両国は，主戦論・反戦論で二分されていたため，帝国側からの国交断絶と宣戦布告がなければ，ロシア政府が戦争を仕掛けてくる可能性は低かったのである。しかし，明治37（1904）年2月6日，両国の外交関係が断絶し帝国とロシアは戦争状態に陥る。帝国軍は，電光石火の攻撃によって制海権を確保し朝鮮半島の京城以南の地域を占有することに成功し兵站路を確保すると，帝国陸軍は，第一軍が鴨緑江渡河作戦に参加し，第二軍が遼東半

島に上陸し，第三軍が旅順要塞を攻撃し，第四軍と近衛師団を戦列に加え，遼東の会戦及び奉天の会戦で勝利した。一方，帝国海軍は，連合艦隊を組織し旅順港閉鎖を経て，太平洋艦隊との黄海海戦，バルト艦隊との日本海海戦に勝利した。そして，明治38（1905）年，アメリカ大統領セオドア・ルーズヴェルトの勧告により，アメリカのニュー・ハンプシャー州のポーツマスにて講和条約に調印する。このポーツマス講和条約は，「①ロシアは，帝国に対して朝鮮半島における優越権と指導・保護を容認すること，②帝国とロシア両国は，満州から同時に撤退すること，③ロシアは，帝国対して樺太の北緯50度以南を譲渡すること，④ロシアは，帝国に対して東清鉄道のうち，旅順から長春までの南満州支線と付属地の租借権を譲渡すること，⑤ロシアは，帝国に対して関東州の租借権を譲渡する」という内容であった。

(2) 酒税税則の改正と対外戦争の軍費

明治政府は，明治4（1871）年7月に，廃藩置県を契機として「清酒濁酒醬油鑑札収与幷ニ収税規則」を布告し徳川幕藩時代の冥加金を廃止すると共に，全国画一で免許料，免許税，及び醸造税を賦課した。そして，明治政府は，明治8（1875）年2月に，「酒類税則」を制定して同年10月に「酒類税則」を施行し免許税を廃止し，営業税と醸造税の二種類の酒税を賦課した。

つまり，大蔵卿松方正義は，明治15（1882）年10月に，「酒類造石税増加之義上申」を大蔵大臣に提出し，さらに，「一類一石ニ付金四円，二類一石ニ付金五円，三類一石ニ付金六円」というように酒類の需要増加に対応した酒税の増税を願い出て，同年10月に，「酒造税則改正之義上申」を大蔵大臣に提出しているのである。

その後，酒税は，明治32（1899）年には地租を抜き首位にたち，明治35（1902）年には酒税一税だけで42％となり直接税（三税）を上回っているが，明治政府の財政基盤は，図表1-2に示すように，「地租」と「酒税」によって成立した脆弱なものであった。例えば，地租の内国税に占める比率は，明治10（1877）年から明治40（1907）年にかけて86％から35％まで減少したが，逆に，酒税の内国税に占める比率は7％から33％にまで増加しており，明治30年代から明治40年代にかけては地租と酒税が明治政府の重要な財源として認識されていたのである。

また，明治政府は，西欧列強に伍して安定した国家運営を行うことを目的と

して，日清戦争（明治27年～明治28年）と日露戦争（明治37年～明治38年）に突入したのであるが，その戦時財源となったのが「地租」と「酒税」の存在であった。そして，明治政府は，歳入のなかに占める酒税収入を安定させるため密造酒の取締りを行った。

なお，代表的な密造酒取締り事件としては，図表1-10に示すような事件が挙げられる。従来，明治政府は，酒造業者側から自家用酒制度の廃止に関する度重なる陳情を受けても，「細民農桑ノ辛苦ヲ医スル為メ」ということを理由にして自家用酒の製造を容認していた。しかし，明治37（1904）年の日露開戦を目前に控え，軍事費調達を目的として密造酒の取締りを強化し，そして，明治政府は，日清・日露戦争という二度の対外戦争を遂行するために，図表1-11に示すように「臨時軍事費特別会計」を創設し，戦費の殆どを「内国債」で賄おうと試みたのである。

しかし，日露戦争のように戦争規模が巨大化すると，「内国債」のみに依存して戦費調達することは困難になる。そのため，真に国力を傾注した戦争であると評された日露戦争では，日本銀行副総裁の高橋是清をロンドンに派遣して「外債」募集を行わせたのであるが，その外債募集は容易なものではなかった。

実際に，高橋がアメリカ在住のユダヤ人銀行家ジェイコブ・ヘンリー・シフ（Jacob H. Schiff）と出会い，図表1-12に示すように，外債募集に成功しなけれ

【図表1-10】密造酒取締り事件

発生年	取締事件名	事件内容
明治34（1901）年	鹿児島県伊集院税務署職員傷害事件	関税課職員が，密造酒作りの調査を目的として，鹿児島県日置郡阿多村大字白川字南谷へ出張したところ，村民に衝撃され1名が重傷を負わされた。
明治36（1903）年	千葉県銚子税務署職員殺害事件	関税課税務職員が，千葉県匝差郡平和村字平木3402番地の濁酒製造業者石毛万吉方へ臨検し，濁酒，桶，桶蓋等を差し押さえたところ，石毛常太郎兄弟によって税務職員2名が殺害された。

(出所) 内薗惟幾稿，「税務職員の殉難小史―酒類密造等の沿革と併せて―」『税大論叢』(1978年) を基に作成。

【図表1-11】 日清戦争及び日露戦争時の戦時財政

日清戦争時の臨時軍事費特別会計　　　　　　単位：千円

歳出		歳入		
	200,480	① 国庫剰余金		23,439
		② 公債収入		116,805
		③ 賠償金繰入		78,957
		④ 献納金		2,950
差額	24,750	⑤ 雑収入　他		3,079
計	225,230	計		225,230

（出所）『明治財政史』第2巻, 38-50ページを基に作成。

日露戦争時の臨時軍事費特別会計収支　　　　　　単位：千円

収入		支出	
国債・一時借入金	1,418,731	人件費	168,293
一般会計からの繰り入れ	182,430	物件費	1,165,113
特別会計資金繰替え	69,312	機密費	4,049
軍資献納金	2,331	一時賜金	164,600
官有物払下げ代	18,875	亡失金	516
その他収入	29,533	従軍記章費	647
		その他	5,253
		剰余金	212,741
計	1,721,212	計	1,721,212

（出所）『明治大正財政史』第5巻（1937年）688-712ページを基に作成。

日露戦争・臨時軍事費特別会計収入内訳　　　　　　単位：百万円

年月		収入項目			
		内債収入	外債募集金	他会計より繰入	その他の収入
明治37 (1904) 年	4月―6月	37.3	40.0	15.0	0.6
	7月―9月	57.7	46.8	13.8	0.5
	10月―12月	58.0	18.0	35.9	0.5
明治38 (1905) 年	1月―3月	62.3	82.5	16.4	1.4
	4月―6月	122.4	207.7	32.9	0.8
	7月―9月	84.2	100.9	55.1	1.1
合計		421.9	689.6	689.6	4.9

（出所）『明治大正財政史』第5巻（1937年）692ページを基に作成。

【図表1-12】外債〔英貨公債〕発行状況

区分	調印・募集	発行目的	発行額	担保
第1回六分利付	明治37（1904）年5月	軍資・公債整理	£1,000万	海関税収入
第2回六分利付	明治37（1904）年11月	軍事費	£1,200万	海関税収入
第1回四分半利付	明治38（1905）年3月	軍事費	£3,000万	煙草専売金
第2回四分半利付	明治38（1905）年7月	軍事費・公債整理	£3,000万	煙草専売金
第2回四分利付	明治38（1905）年11月	公債整理	£2,500万	無担保
五分利付	明治40（1907）年3月	第1回・2回利付整理	£2,300万	無担保

（出所）『明治大正財政史』第12巻（1937年）50-270ページを基に作成。

ば日露戦争の勝利は難しかった。

つまり，明治政府のロンドンにおける外債募集は，シフの積極的支援がなければ不可能であったが，シフと高橋の出会いは偶然の産物などではなくシフが意図したものであり，シフの高橋への接近理由としては，外債引受けによって得られる利益の獲得とロシアの敗戦によるユダヤ人迫害の改善にあったのである。

なお，第1回六分利付は，当時発行された外国債券のうちでも最も高率であり海外の投資家にとって魅力的な商品であった。

第2項 明治後期の所得税法改正

(1) 明治20年の所得税法改正

従来，明治政府は，大蔵省が主導する「イギリス型の分離所得課税方式」の採用を検討していたが，国内事情を鑑みて，明治20（1887）年，大蔵卿松方正義は，図表1-13に示すように，国家財政の確立を目的として勅令第5号を発して「プロイセン型の総合課税方式」に基づく所得税法を採用したのである。

【図表1-13】明治20年の所得税法改正

第一條　凡ソ人民ノ資産又ハ営業其他ヨリ生スル所得金高一箇年三百円以上アル者ハ此税法ニ依テ所得税ヲ納ムヘシ
第二條　所得ハ左ノ定則ニ拠テ算出スヘシ
第一　公債証書其他政府ヨリ発シ若クハ政府ノ特許ヲ得テ発スル証券ノ利子，営業ニアラサル賃金預金ノ利子，株式ノ利益配当金，官私ヨリ受クル俸給，年金，恩給金及割賦賞与金ハ直ニ其金額ヲ以テ所得トス
第二　第一項ヲ除クノ外資産又ハ営業其他ヨリ生スルモノハ其種類ニ応シ収入金高若クハ収入物品代価中ヨリ国税，地方税，区町村費，備荒儲蓄金，製造品ノ原資物代価，販売品ノ原価，種代，肥料，営利事業ニ属スル場所物件ノ借入料，修繕料，雇人給料，負債ノ利子及雑費ヲ除キタルモノヲ以テ所得トス
第三條　左に掲クルモノハ所得税ヲ課税セス
第三　営利ノ事業ニ属セサル一時ノ所得

（出所）明治20年3月23日勅令第5号を基に作成。

また，明治20（1887）年の所得税法では，第3条3項において，「営利ノ事業ニ属セサル一時ノ所得ヲ課税セス」と規定し，所得税の課税対象を継続事業の経常収入に限定し所得源泉課税主義に基づく課税を行っており，この点から個人企業に対する累進税率に基づく課税も念頭に置いていると推測できる。

つまり，明治20（1887）年の所得税法では，法人に対する課税は認識されていないため，法人の利益は法人内部に内部留保されることなく，全ての利益が配当に回され配当所得として個人に対して所得税が課税されたのである。そのため，合名会社及び合資会社を用いた法人に対する非課税を用いた租税回避行為が行われた可能性も高いのである。なぜならば，法人の利益に課税しないばかりでなく，法人が投資対象の法人から受け取る配当金についても課税対象外とされたからである。

(2) **明治32年の所得税法改正**

明治32（1899）年の所得税法改正では，図表1-14に示すように，法律第17号第3条に基づいて，所得税の課税対象となる所得を「法人所得」，「公社債利子」，及び「個人所得」の3種類に限定し法人税源泉課税を整備した。

また，明治32（1899）年の所得税法改正では，日清戦争を経て急激に増加した法人に対する課税強化による国家財政（歳入）の安定を目的として，明治20

【図表1-14】明治32年の所得税法改正

第三條　所得税ハ左ノ税率ニ依リ之ヲ賦課ス 　　第一種　法人ノ所得・・・・・・・・・・・・・・・・・千分ノ二十五 　　第二種　此法律施行地ニ於テ支払ヲ為ス公債社債ノ利子・・・千分ノ二十 　　第三種　前各種ニ属セサル所得・・・・・・・・・・・・十二段階ノ累進税率 第四條　所得ハ左ノ区別ニ従ヒ之ヲ算定ス 　　一　第一種ノ所得ハ各事業年度総益金ヨリ同年総損金ヲ控除シタルモノニ依ル 　　二　第二種ノ所得ハ其支払ヲ受クヘキ金額ニ依ル 　　三　第三種ノ所得ハ総収入金額ヨリ必要ノ経費ヲ控除シタル予算年額ニ依ル但シ此法律施行地ニ於テ支払ヲ受ケサル公債社債ノ利子営業ニ非サル貸金預金ノ利子此法律ニ依リ所得税ヲ課セラレサル法人ヨリ受ケタル配当金，俸給，手当金，割賦賞与金，蔵費，年金，恩給金其ノ収入額ニ依リ田畑ヨリノ所得ハ前三箇年間所得平均高ヲ以テ算出スヘシ 　　前項第一号ノ場合ニ於テ益金中此法律ニ依リ所得税ヲ課セラレタル法人ヨリ受ケタル配当金及此ノ法律施行地ニ於テ支払ヲ受ケタル公債社債ノ利子アルトキハ之ヲ控除ス 第五條　左ニ掲クル所得ニハ所得税ヲ課セス 　　五　営利ノ事業に属セサル一時ノ所得 　　七　此法律ニ依リ所得税ヲ課セラレタル法人ヨリ受クル配当金 第六條　納税義務アル法人ハ各事業年度毎ニ損益計算書ヲ政府ニ提出スヘシ

(出所) 明治32年2月13日法律第17号を基に作成。

(1887) 年の所得税法改正において見逃されていた法人所得に対する直接課税制度を採用すると共に，法人間における受取配当金についても益金不算入とした。そして，明治32年の所得税法改正で創設された法人所得税では，個人と法人との間の所得税を巡る税負担の不均衡の是正を目的として，株主の個人所得税の先取りとしての配当所得に対する課税システムを整備したと推測できる。その後，個人の「法人成り」による租税回避行為を防ぐことを目的として所得税の改正が行われた。

第3節　台湾・朝鮮支配と植民地財政

第1項　台湾統治と台湾総督府の財政改革
(1) 台湾総督府の特別統治主義

　明治28（1895）年，明治政府は，日清戦争に勝利し下関条約によって清朝から台湾を割譲され，その後，昭和20（1945）年に，第二次世界大戦時のポツダム宣言受諾により中華民国に返還されるまでの約50年間にわたり帝国の支配下にあった。

　当時，明治政府の高官の間では台湾の統治方法を巡り大きく見解が分かれていた。例えば，国内の内地法を採用することなく台湾を独立した植民地として認識し特殊な支配体制の下で台湾統治を行うべきであるという「特別統治主義」を標榜する後藤新平などの政治方針と，台湾を内地の一部として認識し内地法を適用するべきであるという「内地延長主義」を提唱する原　敬などの政治方針に二分されていたのである。

旧台湾総督府（著者撮影・2018年）

しかしながら，第4代台湾総督である児玉源太郎の下で後藤新平が民政長官に任じられると，後藤は，特別統治主義に基づく台湾統治を実施し，台湾の立法，行政，司法，民生，経済，教育，及び軍事等の各方面において台湾総督府を中核とする中央集権化を実現したのである。そして，後藤は，台湾で蔓延していた阿片吸引の追放を目的として，阿片の専売制を導入すると共に阿片取引の免許を漸次減少させたのである。そして，この台湾総督府の特別統治主義については異論もあるが，台湾統治について大きな功績を挙げたと高い評価を得ているのである。

(2) **児玉源太郎・後藤新平の財政二十箇年計画**

児玉源太郎と江藤新平は，台湾財政の自立化を目指して「財政二十箇年計画」を明治32（1899）年度に予算請求した。なぜならば，当時の台湾財政は，明治政府からの巨額の国庫補助を提供されることにより成立していたからである。例えば，明治29（1896）年の台湾総督府の歳入965万円のなかに占める国庫補助は694万円であり，明治30（1897）年の台湾総督府の歳入1,128万円のなかに占める国庫補助は596万円であった。

国立台湾博物館に展示されている後藤新平像（左）・児玉源太郎像（右）（著者撮影・2018年）

つまり，台湾総督府の歳入に占める明治政府からの国庫補助金は，明治29（1896）年には約72％であり，明治30（1897）年にも約53％という著しく高い数値を示しており，台湾における自立財政を確立するために，明治政府からの国庫補助金を削減し，明治42（1909）年以後における財政の自立化を目指したのである。具体的には，嗜好品等の専売制度を実施すると共に，台湾事業公債法に基づく事業公債を発行を行ったのである。例えば，明治29（1896）年に阿片を専売し，明治32（1899）年に食塩及び樟脳を専売し，明治38（1905）年に煙草を専売し，大正11（1922）年に酒を専売し，そして，台湾総督府鉄道敷設，基隆築港，水利事業等を目的とした公債を発行したのである。

第2項　日韓併合と朝鮮総督府の財政政策
(1)　日韓併合と憲兵警察制度

韓国併合は，明治42（1909）年に「第一次日韓協約」が締結され，明治43（1910）年に「第二次日韓協約」が締結され成立する。そして，朝鮮総督府は，明治43（1910）年の韓国合併によって設立された「韓国統監府」を前身機関とし，政務総監，総督官房，5部（総務・内務・度支・農商工・司法）が設置され，内閣総理大臣を経由して朝鮮における行政，立法，司法の三権を掌握していた。つまり，朝鮮総督府は，社会インフラの整備，教育政策，及び産業育成において一定の成果を挙げたと評されるが，逆に，宗教政策や言論統制等の明治政府の皇民化政策に対する批判もある。

また，韓国統監府初代統監の伊藤博文と第二代統監の曾禰荒助は，日本人警察顧問（日本人警察官僚）の下で朝鮮半島の治安維持を委ねる構想を計画していたが，元老の山県有朋と寺内正毅陸軍大臣の考えと異なっていたため計画が頓挫する。なぜならば，山県と寺内は，大韓帝国の警察官吏を帝国陸軍に吸収統合し，「憲兵警察制度」を創設することを念頭に置いていたからである。その後，憲兵警察制度は，明石元二郎憲兵隊司令官に警務総長を兼務させることにより誕生する。

つまり，憲兵警察制度では，帝国陸軍将官である憲兵隊司令部の憲兵隊司令官が警務統監部の警務総長を兼任し，帝国陸軍憲兵佐官である憲兵隊本部の憲兵隊長が各県警務部の警務部長を兼任することにより，憲兵隊を主体とした警察機構を組織化した。そして，憲兵警察制度は，義兵などの抗日勢力を対象と

(注) 現・国立台湾博物館の天井のステンドグラスの図案は,「軍配団扇（児玉家の家紋)」と「藤の花（後藤家の家紋)」を組み合わせたものである。

児玉総督・後藤民政長官記念館・現 国立台湾博物館（筆者撮影・2018年）

解体される前の旧朝鮮総督府中央庁（筆者撮影・1994年頃）

した情報収集及び討伐等と衛生事務及び戸籍事務等の行政事務までも担当したのである。

その後，大正4（1915）年の三・一独立運動の勃発の際に，普通警察制度が開始されるまでは，憲兵警察制度が治安維持及び警察行政を担当する武断政治が展開されたのである。この憲兵軍事制度は独り朝鮮のみでなく関東州においても採用されているが，関東州では義兵鎮圧を目的とする必要がなかったため朝鮮の憲兵軍事制度とは異なり，警察官の長が憲兵の長を兼任することが認められていない。

しかしながら，憲兵警察制度に対する評価は分かれている。例えば，大韓帝国から朝鮮総督府への支配体制の移行期において，憲兵警察制度が朝鮮半島の治安維持及び警察行政に果たした役割は大きい。一方，皇民化政策の一翼を担った憲兵警察制度に対しては，朝鮮民族の民族意識を衰退させ朝鮮民族の存続を危うくさせる働きをしたとの批判もある。

なお，韓国統監及び朝鮮総督には，朝鮮半島における帝国陸軍の支配力を高めるため，寺内正毅（第三代韓国統監・初代朝鮮総督），長谷川好道（第二代朝鮮総督），山梨半造（第四代朝鮮総督），宇垣一成（第六代朝鮮総督），南　次郎（第七代朝鮮総督），小磯國昭（第八代朝鮮総督），阿部信行（第九代朝鮮総督）という陸軍大将経験者を登用したのである。

(2)　**朝鮮総督府の特別会計と鉄道会計**

朝鮮総督府の特別会計（歳入）は，図表1-15に示すように，「租税収入」を主体としているが，その中核的存在が地税及び酒税から所得税に変わったのである。そして，朝鮮総督府特別会計の歳入では，「租税収入」に次いで，「鉄道収入」と「鉄道作業費」等の「官業収入」の占める割合が高いが，前者は，運輸収入及び雑収入（倉庫業・旅館業）等で構成され，後者は，俸給及び事業費（総係費・保存費・運転費・車両修繕費・運輸費）等で構成されている。

また，朝鮮総督府管轄下で朝鮮鉄道が存在していたが，朝鮮鉄道会計の特徴としては，図表Ⅰ-16に示すように，企業会計とは異なり「一般会計」と合体していることが挙げられる。後年，朝鮮鉄道は，植民地から搾取した米，粟，雑穀，及び石炭等の生産物を帝国本土へ運ぶための植民地物資の搬送手段から，兵員や軍需物資を運搬する機能を兼ね備えた日満韓を結合する存在に成長するのである。

【図表1-15】朝鮮総督府特別会計内訳　　　　　　　　　　（単位・百万円）

区分 年	歳入（主たる租税収入）				
	地税	関税	酒税	煙草耕作税	所得税
明治43（1910）年	6.0	2.0	0.1	0.2	—
明治44（1911）年	6.6	4.0	0.2	0.2	—
大正元（1912）年	2.7	4.7	0.3	0.3	—
大正2（1913）年	6.9	4.6	0.4	0.3	—
大正3（1914）年	10.1	3.8	0.4	0.7	—
大正4（1915）年	10.0	4.4	0.5	0.9	—
大正5（1916）年	10.0	5.0	0.8	0.9	0.1
大正6（1917）年	10.2	7.2	1.4	1.2	0.4
大正7（1918）年	11.5	10.3	1.7	2.5	0.4
大正8（1919）年	11.1	15.5	2.8	4.9	0.7
大正9（1920）年	11.4	9.7	3.7	6.2	1.5
大正10（1921）年	11.6	13.3	5.1	2.9	0.8
大正11（1922）年	15.2	13.6	8.5	0.4	1.0
大正12（1923）年	15.2	7.1	7.7	0.4	0.9
大正13（1924）年	14.8	8.2	8.3	0.3	1.0
大正14（1925）年	15.2	9.9	8.4	0.3	0.8
昭和元（1926）年	15.3	12.2	9.4	0.2	1.0
昭和2（1927）年	15.4	9.9	11.2	0.3	1.2
昭和3（1928）年	14.5	10.4	12.8	0.3	1.3
昭和4（1929）年	14.8	10.7	13.2	0.2	4.1
昭和5（1930）年	15.6	8.4	12.3	0.1	1.1
昭和6（1931）年	15.8	7.4	11.2	—	0.7
昭和7（1932）年	15.4	7.9	11.3	—	1.0
昭和8（1933）年	15.8	11.1	13.5	—	1.3
昭和9（1934）年	14.7	12.7	16.5	—	5.1
昭和10（1935）年	13.7	13.2	19.5	—	9.2
昭和11（1936）年	13.3	16.8	21.7	—	12.2
昭和12（1937）年	13.8	12.8	24.0	—	16.5
昭和13（1938）年	13.6	16.7	26.4	—	23.7
昭和14（1939）年	9.9	17.2	28.0	—	35.5
昭和15（1940）年	13.9	14.9	24.5	—	50.3

区分 年	歳出			国債費	営業費		産業経済費		司法警察費	行政費	教育費
	軍事費					内, 鉄道建設費		内, 補助費			
	軍事費繰入金	直接軍事費	計								
昭和6 (1931)	—	—	—	24	96	(15)	32	(16)	28	20	7
昭和7 (1932)	—	—	—	23	104	(20)	32	(16)	27	22	7
昭和8 (1933)	—	—	—	24	109	(20)	37	(17)	28	23	7
昭和9 (1934)	—	—	—	25	129	(20)	47	(20)	29	26	9
昭和10 (1935)	—	—	—	27	132	(26)	56	(22)	30	29	10
昭和11 (1936)	—	—	—	31	166	(36)	55	(22)	31	31	+11
昭和12 (1937)	11	—	11	30	224	(70)	71	(25)	37	30	13
昭和13 (1938)	27	2	29	32	282	(98)	65	(30)	38	31	14
昭和14 (1939)	41	4	45	32	380	(138)	111	(37)	42	33	16
昭和15 (1940)	50	17	67	37	452	(149)	123	(52)	43	48	19

(出所)『明治大正財政史』第18巻第1章付表「朝鮮総督府特別会計歳入歳出決算額累計一覧表」,『朝鮮総督府統計年報』, 及び黄完晟稿, 「植民地期朝鮮における戦時財政の展開」『經濟論叢』(京都大学1988年)を基に作成。

【図表1-16】 朝鮮総督府特別会計

(出所)『朝鮮総督府特別会計歳入歳出決算書』に基づき作成。

第2章
大正期及び昭和期の財政構造と税財政改革

第1節　大正期の財政状態と税財政改革

第1項　第一次世界大戦当時の財政状態

　大日本帝国（以下,「帝国」とする）は，日露戦争に勝利するが戦勝国としての権利である賠償金を得ることができなかったため戦後の財政状態は困窮した。例えば，日露戦争の戦費は総額18億2,629万円（残務費を含む）であるが，その戦費は，約13億円の内国債及び外国債で賄われ，残額は，明治38（1905）年1月1日に制定され，同年4月1日から施行された新設の相続税と，図表2-1に示すように，地租税，営業税，所得税，酒税，砂糖税，及び醬油税等に課した

【図表2-1】営業税の流れ・営業税と営業収益税の収益額の推移

	明治11年	明治29年	大正15年	昭和15年	昭和23年
国税			営業税 →	営業収益税 → 営業税 →	
地方税	運上・冥加	地方営業税 →			営業税 →
主な出来事	・日清戦争	・日露戦争 ・第一次世界大戦	・世界恐慌 ・満州事変		

	明治30（1897）年度	構成比	昭和2（1927）年度	構成比	昭和16（1941）年度	構成比
第1位	地租　37,965千円	37.6%	酒税　242,037千円	24.7%	所得税　1,401,363千円	31.0%
第2位	酒税　31,105千円	30.8%	所得税　215,070千円	21.9%	臨時利得税　997,905千円	22.1%
第3位	煙草税　4,935千円	4.9%	砂糖消費税　79,286千円	8.1%	法人税　530,782千円	11.8%
営業税・営業収益税	営業税　4,416千円	4.4%	営業収益税　48,050千円	4.9%	営業税　87,185千円	1.9%
国税の総収入	100,884千円	100%	980,124千円	100%	4,515,596千円	100%

（出所）国税庁・税務大学校 NETWORK 租税史料，「『煙草税のあゆみ』─煙草印紙の攻防─」参照。（https://www.nta.go.jp/ntc/sozei/network/164.htm）

増税分で補ったのである。加えて、印紙増貼による収入増と毛織物税、及び石油消費税等を新設して増税を図った。

なお、営業税とは、徳川幕藩時代に、商工業者に対して運上金及び冥加金として課税した税が転じたものであり、明治11 (1878) 年、地方税規則規定に基づき「地方営業税」として課税し、明治29 (1896) 年、国税の「営業税」が制定されたのである。

その後、日本の財政状態は、大正3 (1914) 年に勃発した第一次世界大戦により好転する。なぜならば、連合軍の兵站基地が日本に設けられたため、「特需景気」の恩恵を受けることができたからである。しかし、特需景気は、永続的なものではなく、第一世界大戦の終焉と共に、日本の財政は戦後恐慌を迎えることになる。そして、戦後恐慌期に誕生した第一次若槻礼次郎内閣は、金本位制を復活させ、日銀特融実施のための緊急勅令案を枢密院に諮問し、台湾銀行及び鈴木商店の経営不振が生起した取り付け騒ぎの鎮静化を行ったのである。

しかしながら、同案は枢密院で拒否され、その結果、第一次若槻内閣が総辞職し、後継の田中義一内閣により「支払猶予令（モラトリアム）」が実施されたのである。そして、戦後恐慌を受けて帝国陸海軍は、軍備の整理と縮小（以下、「軍縮」とする」）を行うと共に余剰財源を用いて軍の近代化を図ったのである。例えば、帝国海軍は、大正11 (1922) 年に「ワシントン海軍軍縮条約」を締結し、昭和5 (1930) 年に「ロンドン海軍条約」を締結したが、帝国陸軍も帝国海軍と同様に軍縮を検討したのである。

第2項　大正期の所得税法改正

大正9 (1920) 年の所得税法改正では、軍備拡張を支えるための財源確保を目的として、図表2-2に示すように、勤労所得、扶養家族の控除を改善し、課税最低額を引き上げる等の大改正を行った。

また、大正15 (1926) 年の所得税法改正では、大正9 (1920) 年の所得税法改正の補填を目的として、図表2-2に示すように改正した。つまり、大正15年の所得税法改正では、所得税を「分類所得税」と「総合所得税」に二分し、そして、法人税を所得税から分離して単独の法人税を創設したのである。

【図表2-2】所得税改正関係年表

年　代	所得税関係	備　考
明治20年（1887）	所得税法創設	
		大日本帝国憲法公布（明治22年） 領事裁判権撤廃（明治27年） 日清戦争（明治27年〜28年）
明治32年（1899）	所得税法の大改正 第1種（法人の所得），第2種（公債・社債の利子），第3種（個人の所得）に分かれ，法人課税が始まる。	内地雑居開始
		官営八幡製鉄所操業開始（明治34年） 日露戦争（明治37年〜38年） 関税自主権の回復（明治44年）
大正2年（1913）	普通累進税率を超過累進税率へ。 課税最低限の引上げ，勤労所得の控除，少額所得者に特別控除を導入	
		第1次世界大戦（大正3年〜7年） 大戦景気 〈債務国から債権国に〉
大正7年（1918）	国税の第1位となる（〜大正11年度）。 課税最低限の引上げを行う。	米騒動
大正9年（1920）	所得税法の大改正 勤労所得，扶養家族の控除を改善し，課税最低限を引き上げる	戦後恐慌
大正12年（1923）	生命保険料控除を導入	関東大震災
		普通選挙法公布（大正14年）
大正15年（1926）	勤労所得の控除，扶養家族の控除を改善，課税最低限の引上げ	
		世界恐慌（昭和4年〜）
昭和13年（1938）	課税最低限の引下げ	
		第2次世界大戦（昭和14年〜20年）
昭和15年（1940）	所得税法の大改正 分類所得税の導入，大所得者には綜合所得税として超過累進課税を行う。 法人の所得を別個に課税することとする（法人税の創設）。	
		日本国憲法公布（昭和21年）
昭和22年（1947）	所得税法の大改正，申告納税制度の採用	

（出所）国税庁「所得税のあゆみ―創設から申告納税制度導入まで―」参照。
(https://www.nta.go.jp/about/organization/ntc/sozei/tokubetsu/h19shiryoukan/a.htm)

第3項　陸軍の山梨・宇垣軍縮と海軍軍縮条約の締結

　大正期に帝国陸軍の軍縮を担当した者は，山梨半造陸軍大臣と宇垣一成陸軍大臣であり，其々「山梨軍縮」と「宇垣軍縮」と称された。

　まず，大正11（1922）年，山梨半造陸軍大臣は，「大正11年軍備整備要領」を施行し，第一次軍縮において「3個の野砲兵旅団司令部，6個の野砲兵連隊，1個の山砲連隊，及び1個の重砲兵大隊を廃止し，代わりに2個の野戦重砲兵旅団司令部，2個の野戦重砲兵連隊，1個の騎砲兵大隊，及び2個の飛行大隊を新設し，兵役年限の40日短縮により将校1,800名，准士官以下56,000名，馬匹1,300頭，及び経費3,540万円を節約した」のである。そして，山梨は，大正12（1923）年にも第二次軍縮を断行し，「鉄道材料廠，2個の師団軍楽隊，2個の独立守備大隊，及び仙台陸軍幼年学校を廃止し，2個の要塞（父島・奄美大島）司令部を新設した」のである。

　次いで，大正14（1925）年，山梨半造陸軍大臣は，第三次軍縮において「第13（高田）師団，第15（豊橋）師団，第17（岡山）師団，第18（久留米）師団の各師団，16個の連隊司令部，及び2個の幼年学校等を廃止し，兵員38,894名，馬匹6,089頭を整理することにより1,295万円を節減し，代わりに1個の戦車連隊，1個の高射砲連隊，2個の飛行連隊，通信学校，及び陸軍科学研究所等を新設した」のである。

　すなわち，山梨・宇垣軍縮は，非近代的軍備を整理し総力戦に求められる近代兵器を備えることを意図したものであるが，一見すると，政党が求める軍縮に伴う財政整理の要求に応えるようにみえながらも，帝国陸軍の近代化を図ったという点において画期的な試みであったと評価できる。加えて，宇垣軍縮では，4個師団の大削減を行ったため，多数の将官の職を解くことになり人身の一新を図るという目的もあったと推測できる。

　また，大正10（1921）年11月11日から大正11（1922）年2月6日まで米国のワシントンD.Cで開催されたワシントン海軍軍縮条約において海軍の軍縮が討議されたが，日本海軍は，ワシントン海軍軍縮条約を受け入れて軍縮を行った。その結果，米英・日・仏伊の保有艦の総排水量比率は，図表2-3に示すように5：3：1.75と定められたのである。当時，帝国海軍は，八八艦隊の建造を計画していたが，八八艦隊の建造のためには国家予算の三分の一が必要になったため軍縮の実施は財政破綻を防ぐことになった。

【図表2-3】ワシントン海軍軍縮条約の内容

国　別	主力艦	空母	巡洋艦
米英	50万トン ※　52万5,000トンに変更	13万5,000トン	制限なし
日本	30万トン ※　31万5,000トンに変更	8万1,000トン	
仏伊	17万5,000トン	6万トン	

	1艦あたりの基準排水量 （5ヵ国共通）	備砲 （5ヵ国共通）
主力艦	3万5,000トン	主砲16インチ以下
空母	2万7,000トン ※　2艦に限り3万3,000トン	8インチ以下 6インチ以上を装備する場合 5インチ以上の砲を合計10門以下 ※　2艦に限り5インチ以上の砲を 　　合計8門以下
巡洋艦	1万トン以下	5インチ以上8インチ以下

　また，大正10（1921）年11月11日から大正11（1922）年2月6日まで米国のワシントンD.Cで開催されたワシントン海軍軍縮条約は，海軍兵学校の生徒募集にも影響を与え，図表2-4に示すように，大正10（1921）年から大正11（1922）年頃に海軍兵学校に入学した53期と54期は二桁の卒業生となったのである。

【図表2-4】海軍兵学校（50期から54期まで）の卒業生

期	卒業年月日	卒業者数
50期	大正11（1922）年6月1日	272名
51期	大正12（1923）年7月14日	255名
52期	大正13（1924）年7月24日	236名
53期	大正14（1925）年7月14日	62名
54期	大正15（1926）年3月27日	68名

旧海軍兵学校(著者撮影・2017年)

第2節　昭和前期の財政状態と税財政改革

第1項　昭和前期の恐慌と井上財政・高橋財政
(1) 昭和金融恐慌と昭和恐慌の性格

　昭和金融恐慌は，昭和2（1927）年3月14日の片岡直温大蔵大臣の衆議院予算総会における「本日，東京渡辺銀行が破綻した」という発言に端を発する。なぜならば，片岡発言を受けて預金者の間に動揺が生じ東京渡辺銀行の他にも休業に追い込まれる銀行が多く現れたからである。次いで，昭和2（1927）年4月5日，当時，日本最大の総合商社であった「鈴木商店」の経営破綻が公表され，さらに，鈴木商店に対して巨額融資を行い主力銀行の役割を担っていた「台湾銀行」が休業に追い込まれる事態を迎えると昭和金融恐慌は本格化する。つまり，昭和金融恐慌は，金融機関に対して第一次世界大戦後の不良債権の処理と金融システムの再編を促す契機になったのである。

　また，昭和恐慌とは，昭和2（1927）年の昭和金融恐慌や昭和4（1929）年

台湾銀行総行・旧台湾銀行本店（著者撮影・2018年）

の世界恐慌を受けて昭和5（1930）年から昭和6（1931）年にかけて発生した恐慌のことであり，世界的な恐慌の国内への波及という性格を有するものであった。

(2) 井上財政と高橋財政の評価

高橋是清は，二・二六事件で陸軍将校たちに暗殺されるまでの昭和6（1931）年から昭和11（1936）年の約4年間にわたり，犬養　毅，斎藤　実，岡田啓介の歴代内閣において大蔵大臣を務めたが，財政再建と満州事変の戦費調達を目的として，「金輸出を再禁止すると共に金本位制を停止して，事実上の管理通貨制度に移行する」ことにより金流出に伴うデフレ効果を防ぎ，円安も実現したのである。つまり，高橋は，図表2-5に示すように，前任者である大蔵大臣の井上準之助が主導した「金本位制を重視し物価の引き下げを実現する」という緊縮財政を否定し，「金本位制から離脱して通貨量を増やすと共に赤字国債を発行し財政支出を拡大する」という積極財政を展開したのであるが，その結果，公定歩合の引き下げ効果が現れ，為替相場も好転したことに伴い輸出額が増加し株価も上昇した。

【図表2-5】井上財政と高橋財政の相違点

第2項　満州国の成立と臨時軍事費特別会計

(1) 満州事変と満州事件費の計上

日露戦争後，帝国の版図は，ポーツマス条約に基づき，遼東半島の租借権と東清鉄道南部の経営権を獲得することにより満州方面に大きく拡大した。満州事変当時，関東庁から独立した行政庁として「関東軍」存在していたが，昭和6（1931）年，関東軍は，南満州鉄道線路の破壊工作を契機として捉え奉天及

び吉林に進出し，昭和7（1932）年に朝鮮軍と呼応しながら錦州を占拠し，張学良軍を中国東北省一帯から駆逐し，満州国の建国に成功する。つまり，関東軍は，作戦主任参謀・石原莞爾の主導の下，親日国家の樹立を目指し，昭和7（1932）年に「王道楽土」と「五族協和」をスローガンに掲げる満州国を建国し，昭和9（1934）年に溥儀を皇帝として迎えるのである。

しかし，満州国の財政は，図表2-6に示すように，国民政府の財源を基盤として成立したため脆弱であり，内国税（消費税）の約40.3％を占める「塩税」が満州国の主たる歳入であった。その後，満州国では，内国税の約30％を超える「巻煙草税」が主たる歳入に替わり，「酒税」，及び「遊興飲食税」（特別売上税）等の奢侈品課税と共に満州国の主たる財源に成長したのである。そして，満州国の財政は，塩，阿片，硝鉱，石油，酒精（アルコール），及び小麦粉が「専売制度」に移行し，専売特別会計が実施されるという偏重的な形態を示すことになる。つまり，関東軍の傀儡国家である満州国の財政は脆弱なものであり，関東軍が満州国の国政に関与しなければ，満州国の治安を維持し防衛することはできなかった。そのため，関東軍は，一般会計に俸給，賞与，給与，諸手当，需品費，郵便電信費，被服費，患者費，演習費，機密費，兵器費，築造費，糧秣費，運輸費，馬匹費，及び旅費等の軍事費として「満州事件費」を計

【図表2-6】 国民政府末期の内国税　　　　　　　　　　　　　　　　単位：千円

	民国17（1928）年	民国18（1929）年	民国19（1930）年	大同1（1932）年
収益税	53,367	48,355	46,144	14,244
消費税	27,796	39,217	30,851	28,507
塩税	(23,710)	(27,227)	(19,334)	(18,820)
巻煙草税	(434)	(8,418)	(7,955)	(5,976)
酒税	(3,652)	(3,572)	(3,310)	(1,819)
3種統税			(252)	(1,892)
交通税	7,177	7,157	7,125	2,467
その他	3,290	2,332	2,419	1,427
計	88,340	97,061	86,539	46,645

（出所）満州国財政部『建国後二於ケル内国税制度整理改善ノ概要』（1935年）67-69ページ，及び平井廣一稿，「満州国における内国税構造の概観」『経済学部北星論集』第48巻第1号（北星学園大学，2008年）2ページに基づき作成。

上し満州国の防衛に貢献した。なぜならば，満州国の防衛費は，関東軍が補填しなければならないほど微弱なものであったからである。但し，満州事変費は，昭和6（1931）年の予算額650万円から膨張し続け，昭和12（1937）年に2億円を超え帝国の財政を圧迫したのである。

(2) **支那事変（日中戦争）と支那事変特別税の創設**

支那事変とは，昭和12（1937）年に，帝国と中華人民共和国との間で発生した長期的な戦闘のことであり，昭和16（1941）年の太平洋戦争開戦までの戦闘のことである。

また，支那事変の軍事財源を賄ったのは，「支那事変特別税」であるが，この支那事変特別税は，所得税，法人超過所得税，法人資本税等の増税を拠りどころとしている。なぜならば，国際社会で孤立していた帝国では，国際金融市場での支持を獲得することができず，日露戦争時のように軍事資金を外国債で賄うという策を講じることができなかったからである。そのため，支那事変が勃発すると太平洋戦争終結までの8年間に15回もの予算編成が行われ「臨時軍事費特別会計」が設けられたのである。そして，臨時軍事費特別会計は，陸軍臨時軍事費・海軍臨時軍事費・予備費の三項目で構成され，戦争終結までを1会計年度とする特別会計のことであり，その特徴としては，「軍事資金の運用を容易にするために，支出における自由裁量権が大きく認められており，会計検査院の検査も寛容な予算システムのことである」と説明されている。

しかし，臨時軍事費特別会計の設置は，財政面においてプライマリーバランスを大きく崩すことになり，軍事費の増大は国家財政を破綻させることになったのであるが，その原因としては，日清・日露の両戦役時とは異なり，山県有朋，伊藤博文，及び井上馨等の元老が存在せず，軍部の発言力が高まり軍部独走に歯止めをかけることができたことが挙げられる。

第3節　大東亜戦争（アジア・太平洋戦争）の評価

第1項　第2次近衛文麿内閣の「大東亜共栄圏」構想

先の大戦については，識者の間で歴史的認識が異なるため「太平洋戦争」，「アジア・太平洋戦争」，「15年戦争」，「大東亜戦争」，及び「昭和戦争」と異なる呼称が用いられているが，これは，先の大戦の歴史的位置づけが不明確なた

めに生じる混乱である。例えば，期間的要因に注目するならば「15年戦争」が相応しく，地理的（地域的）要因に注目するならば，中国大陸，朝鮮半島，東南アジア，及び太平洋における広範囲の戦乱ということで，「アジア・太平洋戦争」の呼称が相応しい。そのため，先の大戦については，「太平洋戦争」又は「アジア・太平洋戦争」と呼称されることが多い。

しかし，昭和15（1940）年7月26日，第2次近衛文麿内閣は，「基本国策要綱」において，「日満支ノ強固ナル結合ヲ根幹トスル大東亜ノ新秩序ヲ建設スルニアリ」と記し，「大東亜共栄圏」の確立を国策に掲げた。そして，大東亜共栄圏構想が帝国陸海軍の満支（東アジア）と東南アジアにおける軍事活動の精神的主柱となった点を鑑みたならば，「大東亜戦争」と呼称することが適切であるといえる。

つまり，大東亜共栄圏とは，図表2-7に示すように，「東南アジアからの資源供給を受けて，帝国，満州国，中華民国を一つの経済共同体（経済ブロック）として認識し，南太平洋を防衛の要とする」という構想であり，フィリピン第二共和国，ラオス王国，ビルマ国，満州国，中華民国（汪兆銘政権）等が参加した。

勿論，大東亜共栄圏の構想は，参加国が帝国の植民地や帝国軍管理下の傀儡政権にすぎないという批判的見解も存在するが，一方で，大東亜共栄圏の確立

【図表2-7】大東亜共栄圏構想

は，アジア諸国の独立運動を支援したという見解も存在する。例えば，帝国陸軍は，図表2-8に示すように，「郷土防衛義勇軍（インドネシア）」，「フィリピン人義勇軍（フィリピン）」，「越南青年先鋒隊（ベトナム）」，及び「国民義勇軍（インド）」等，多くの独立義勇軍の誕生に貢献した。

【図表2-8】大日本帝国軍政下の主たる義勇軍

また，占領軍から軍事訓練を受けた若者は，建国後に国軍の中核を担うと共に，政治，経済，社会，文化等の面でも国家を牽引する勢力に成長したのである。確かに，帝国が，大東亜戦争に参戦し東南アジア各地を占領しなかったら，独立戦争や革命運動が生起しなかったという表現は，過剰表現であり適切ではないかもしれないが，帝国軍の軍事行動が独立運動における"触媒"として機能したことに異論を挟む者は少ないはずである。そして，東南アジアの人々が，図表2-9に示すように，大東亜共栄圏構想と帝国軍の軍事行動について評価しているのも事実である。

勿論，大東亜戦争及び大東亜共栄圏構想に対しては否定的な見解も存在する。例えば，日本共産党は，「15年にわたる戦争はアジア・太平洋地域と日本に甚大な被害を及ぼし，敗戦によって『連合国軍』の占領下におかれた日本は，戦争犯罪人が処罰され，軍隊は解散，新しい憲法を制定しました」（日本共産党・しんぶん赤旗・2018年12月8日）と説明し，そして，大東亜戦争当時，ベトナム共産党は，「われわれは日本ファシストをせん滅し，人類に平和をもたらすために血肉を犠牲にして連合国軍に貢献している。われわれは日本の『大東亜』論にだまされない」（日本共産党・しんぶん赤旗・2005年8月20日）と主張していた。つまり，大東亜戦争とその精神的主柱となった大東亜共栄圏構想については，二つの相反する評価が存在しているのである。

【図表2-9】大東亜共栄圏構想と日本の軍事行動に対する評価

国別	氏名（役職名）	評価
タイ	ククリット・プラモード（元首相）	日本のおかげで，アジアの諸国はすべて独立した。日本というお母さんは，難産して母体をそこなったが，生まれた子供はすくすくと育っている。今日，東南アジア諸国民が，アメリカやイギリスと対等に話ができるのは，一体だれのおかげであるのか，それは，『身を殺して仁をなした』日本というお母さんがあったためである。12月8日は，われわれにこの重大な思想を示してくれたお母さんが，一身を賭して重大決意された日である。さらに8月15日は，われわれの大切なお母さんが，病の床に伏した日である。われわれはこの2つの日を忘れてはならない。
マレーシア	ラジャー・ダト・ノンチック（元上院議員）	私たちは，マレー半島を進撃してゆく日本軍に歓呼の声をあげました。敗れて逃げてゆく英軍を見たときに，今まで感じたことにない興奮を覚えました。しかも，マレーシアを占領した日本軍は，日本の植民地としないで，将来のそれぞれの国の独立と発展のために，それぞれの民族の国語を言及させ，青少年の教育をおこなってくれたのです。
	ガザリー・シャフィー（元外務大臣）	日本はどんな悪いことをしたと言うのか，大東亜戦争で，マレー半島を南下した時の日本軍は凄かった。わずか3ヵ月でシンガポールを陥落させ，我々にはとてもかなわないと思っていたイギリスを屈服させたのだ，私はまだ若かったが，あの時は神の軍隊がやってきたと思っていた。日本は敗れたが，英軍は再び取り返すことができず，マレーシアは独立したのだ。
インドネシア	モハメッド・ナチール（元首相）	アジアの希望は植民地体制の粉砕でした。大東亜戦争は，私たちアジア人の戦争を日本が代表して敢行したものです。

インドネシア	アラムシャ （元第三副首相）	我々インドネシア人はオランダの鉄鎖を断ち切って独立すべく，350年間に亘り，幾度か屍山血河の闘争を試みたが，オランダの投智なスパイ網と，強靭な武力と，苛烈な法律によって，圧倒され壊滅されてしまった。それを日本軍が到来するや，たちまちにしてオランダの鉄鎖を断ち切ってくれた。インドネシア人が歓喜雀躍し，感謝感激したのである。
	サンバス （元復員軍人省長官）	特にインドネシアが感謝することは，戦争が終わってから日本軍人約1000人が帰国せず，インドネシア国軍とともにオランダと戦い，独立に貢献してくれたことである。日本の戦死者は国軍墓地に祀り，功績を讃えて殊勲賞を贈っているが，それだけですむものではない。
	プン・トモ （元情報相）	日本軍が米・英・蘭・仏をわれわれの面前で徹底的に打ちのめしてくれた。われわれは白人の弱体と醜態ぶりをみて，アジア人全部が自信をもち，独立は近いと知った。一度持った自信は決して崩壊しない。そもそも大東亜戦争はわれわれの戦争であり，われわれがやらなければならなかった。そして実はわれわれの力でやりたかった。
ミャンマー （旧ビルマ）	バー・モウ （元首相）	歴史的に見るならば，日本ほどアジアを白人支配から離脱させることに貢献した国はない。しかしまたその解放を助けたり，あるいは多くの事柄に対して範を示してやったりした諸国民のそのものから，日本ほど誤解を受けている国はない。もし日本が武断的独断と自惚れを退け，開戦当時の初一念を忘れず，大東亜宣言の精神を一貫し，南機関や鈴木大佐らの解放の真心が軍人の間にもっと広がっていたら，いかなる軍事的敗北も，アジアの半分，否，過半数の人々からの信頼と感謝とを日本から奪い去ることはできなかったであろう。日本のために惜しむのである。

| インド | ラグ・クリシュナン（大統領） | インドでは当時，イギリスの浮沈戦艦を沈めるなどということは想像もできなかった。それを我々と同じ東洋人である日本が見事に撃沈した。驚きもしたが，この快挙によって東洋人でもやれるという気持ちが起きた。 |

（出所）日本会議ホームページ参照。(https://www.nipponkaigi.org/opinion/archives/844)

第2項　大東亜戦争時の租税収入と戦費調達

大東亜戦争当時の戦時財政は，「一般会計」と「臨時軍事費特別会計」で形成されているが，図表2-10に示すように，歳出に占める軍事費の割合は租税収入に比べると著しく増加している。例えば，戦争前年の昭和15（1940）年に比べると，戦争末期の昭和19（1944）年の租税収入は約3倍に増加したのに対して，軍事費は約8倍に増加したのである。

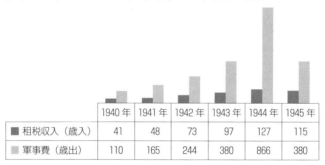

【図表2-10】大東亜戦争時の租税収入と軍事費の割合　単位：億円

	1940年	1941年	1942年	1943年	1944年	1945年
■ 租税収入（歳入）	41	48	73	97	127	115
■ 軍事費（歳出）	110	165	244	380	866	380

（出所）『昭和財政史』第4巻（臨時軍事費）資料Ⅱ統計21ページ及び『大蔵省史』第2巻366-391ページ参照。

また，戦時下の租税収入の多くを占めていたのは，図表2-11に示すように，所得税，法人税，及び臨時利得税等の「所得課税」であり，直接税と間接税の割合は8対2であり，直接税中心の税体系となっていたのである。そして，租税収入と軍事費の差額は，図表2-12に示すように，「公債費（国債）」で賄われていたと推測できる。

【図表2-11】大東亜戦時下（1944年）の租税収入割合

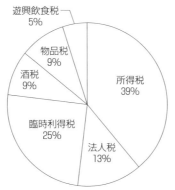

（出所）『大蔵省史』第2巻430-432ページ参照。

【図表2-12】国債残高の推移　　　　　　　　　　単位：億円

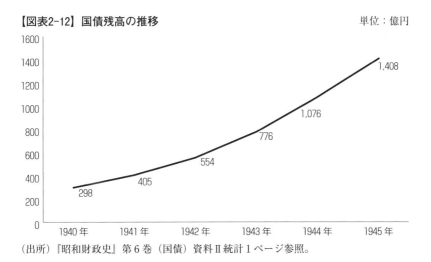

（出所）『昭和財政史』第6巻（国債）資料Ⅱ統計1ページ参照。

第4節　昭和中期・後期の経済政策と財政再建

第1項　経済安定9原則とドッジ・ライン

(1)　GHQの「経済安定9原則」の指示

　大東亜戦争終結後，GHQ（General Headquarters/連合国軍総司令部）の管理下で，財閥解体や農地改革等が実施されたが，「経済安定9原則」も検討された。なぜならば，当時の日本経済は，産業基盤が脆弱であり国際的競争力も乏しく輸出も停滞しており，さらに，日本政府が傾斜生産方式を採用して基幹産業への融資を重視したためインフラ状態となっていたからである。そのため，占領期の昭和23（1948）年12月，GHQから日本政府に対してインフレーションの抑制と日本経済の早期の自立化を目的として，図表2-13に示すように，予算の均衡，徴税の強化，融資の制限，賃金の安定，物価の統制，貿易事務の改善，物資割当の改善，工業生産の増産，及び食糧集荷の改善という「経済安定9原則」の指令が発せられたのである。

【図表2-13】経済安定9原則

(2)　ドッジ・ラインの経済安定化政策

　昭和24（1949）年2月1日，アメリカ合衆国のデトロイト銀行取締役のジョゼフ・マレル・ドッジ（Joseph Morrell Dodge，以下「ジョゼフ・ドッジ」とする）が公使兼GHQ財政顧問として来日し，戦後インフラの抑制と経済安定化政策の実現を目的として「ドッジ・ライン（Dodge Line）」と称する経済政策を提案した。つまり，ドッジ・ラインは，図表2-14に示すように，GHQの指令に基づいて実行された「経済安定9原則」の実現を目指していた。

しかし，ドッジ・ラインは，デフレ政策を推進し赤字財政の解消のために超均衡予算の編成や単一為替レート（1ドル360円）の実施を行うと共に，国内に流通している通貨の供給量を減少させたため，逆に，多くの企業倒産や失業者を生み出すことになった。

なお，ドッジ・ラインがもたらした不況を「ドッジ不況」と称する。

【図表2-14】ドッジ・ラインと経済安定9原則の関係

第2項　朝鮮特需と戦後の景気サイクル

(1) 戦後復興期の朝鮮特需

朝鮮戦争とは，大韓民国（以下，「韓国」とする）と朝鮮民主主義人民共和国（以下，「北朝鮮」とする）との間で発生した朝鮮半島の領有と主権を賭けた国際紛争である。そして，朝鮮戦争では，韓国を国連軍（アメリカ合衆国軍と自由主義陣営の西側諸国）が支援し，北朝鮮を中華人民共和国（以下，「中国」とする）が支援したため戦乱が3年間続いたが，その後，昭和28（1953）年7月27日に国連軍と北朝鮮・中国連合軍との間で朝鮮戦争休戦協定が署名され，北緯38度線付近を軍事境界線として休戦状態となっている。

また，朝鮮特需とは，朝鮮戦争に際して在朝鮮米軍及び在日米軍が日本企業に対して軍需物資を注文したことにより発生したと特需のことであるが，3年間の特需金額は約10億ドルと評され，食料品，繊維製品（土嚢用麻袋・軍服・毛布・綿布・テント等），コンクリート材料（セメント・骨材等），運輸機械類（トラック・鉄道貨車・乾電池等），金属製品（ナパーム弾用タンク・航空機燃料タンク・有刺鉄条鋼柱・有刺鉄線・ドラム缶・燃料タンク等）の軍需物資が発注され，車両や船舶・機械関係の修理も依頼された。つまり，朝鮮戦争が生起した朝鮮特需は，日本経済の復興に大きな影響を与えると共に，軍需関連企

業の好景気によって法人税の税収も大きく増加したのである。

(2) 景気サイクルとバブル景気

戦後の景気は，図表2-15に示すように，(i)ドッジ・ラインのデフレ政策を受けての景気低迷，(ii)朝鮮戦争・朝鮮特需に伴う景気回復，(iii)朝鮮戦争の休戦と世界的不況による景気停滞，(iv)サンフランシスコ講和条約の締結（1951年9月8日調印）による景気拡大，(v)神武景気と高度経済成長というように好景気と不景気を交互に繰り返している。

なお，神武景気とは，昭和29（1954）年12月に発生し昭和32（1957）年6月まで31か月間続いた好景気のことである。

【図表2-15】戦後の景気サイクル

また，昭和30（1950）年代の財政は，公共事業や社会保障関係費等の増大に伴い拡大し続けるが，高度経済成長期がもたらす税収の自然増により一般会計において均衡予算が維持された。しかし，昭和33（1958）年7月から昭和36（1961）年12月まで42か月間続いた「岩戸景気」が終焉を迎えると公共事業や社会保障関係費等の財源を支えるために「公債」の発行が求められたのである。その後，財政は，国際収支の悪化に伴い昭和40（1960）年代になると不況の様相を帯び始めた。そのため，政府は，歳入の補填を目的として補正予算を組織し積極的な財政政策を講じて不景気に対応し，昭和40（1965）年11月から昭和45（1970）年7月まで57か月間続いた「いざなぎ景気」と称される好景気期を到来させたのである。

つまり，昭和期には，図表2-16に示すように，「神武景気」，「岩戸景気」，「い

ざなぎ景気」という好景気が発生し、昭和48（1973）年に発生した「第1次オイル・ショック」と昭和54（1979）年に発生した「第2次オイル・ショック」を経て、昭和61（1986）年12月にバブル景気が発生し、平成3（1991）年2月にバブル景気が崩壊したのである。

また、日本経済は、昭和60（1985）年の「プラザ合意」を契機として、日本国内における急激な円高の進行と景気後退を受けて低迷するが、政府が景気回復策を講じたため、国内景気は、法人の設備投資と個人の消費に牽引されて次第に回復し、昭和61（1986）年12月から「バブル景気」と称される好景気期を迎えるのである。

しかしながら、バブル景気は、金融機関の積極的な関与による土地の資産価値や株価の上昇を前提とした投機的要素が強く、無理な投機が恒久的に続くわけもなく平成3（1991）年2月にバブル景気は崩壊するのである。

【図表2-16】昭和期の景気変動

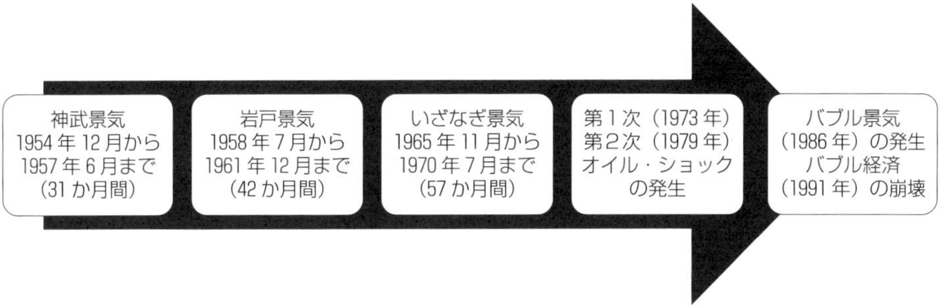

| 神武景気 1954年12月から1957年6月まで（31か月間） | 岩戸景気 1958年7月から1961年12月まで（42か月間） | いざなぎ景気 1965年11月から1970年7月まで（57か月間） | 第1次（1973年）第2次（1979年）オイル・ショックの発生 | バブル景気（1986年）の発生 バブル経済（1991年）の崩壊 |

第3章　現代の財政構造と経済的機能

第1節　政府の経済活動と機能

第1項　政府の活動領域と役割

(1) 財政の定義

財政学は，応用経済学に分類され，政府の経済活動に関して分析する学問であり，そして，財政は，「国家又は公共団体の経済である」と定義される。そのため，財政学を学ぶためには，まず国家と政府について明確にするべある。

本書では，国家を「公権力の団体である」と認識し，政府について「社会を治める仕組みである」と認識したい。つまり，政府は，市場経済のメカニズムを維持することを目的として公権力を行使する。また，政府は，社会契約論や啓蒙主義の影響を受けて生起した18世紀のフランス革命やアメリカ独立戦争などの市民革命（明治維新も該当する）を経て，絶対王政下の政府から近代的な政府に変貌したのである。そのため，現代政府は，市場経済のなかで福祉的役割を担うことが求められている。

すなわち，政府は，市場経済を活動領域として，図表3-1に示すように，国民から収税した税金を，①道路建設，学校，及び病院などの公的機関の建設という「社会資本の実現」，②警察，消防，及び義務教育等の「公共サービスの提供」，③社会保険や年金支給等の「社会厚生の実現」に用いている。

【図表3-1】政府の活動領域

(2) 政府の役割

政府の役割は，図表3-2に示すように，国家観から説明することができる。例えば，夜警国家の実現を主張する者は，政府の役割を基本的人権に限定するため「小さな政府」が望ましいと判断する。一方，福祉国家の実現を主張する者は，政府の役割を積極的な市場経済への介入に求めるため「大きな政府」が望ましいと判断する。

【図表3-2】政府の役割に対する二つの国家観

(3) 市場の失敗

市場経済は，「競争均衡下において，政府が全ての財やサービスを効率的に取引することができる仕組みである」と説明されるが，逆に，政府が市場において効率性を実現できないことを「市場の失敗」と称する。そして，政府は，「市場の失敗」を是正するために積極的に市場経済に参入することになる。

また，市場の失敗の要因としては，図表3-3に示すように，①公共財，②外部性，③不完全な情報，④不完全競争，及び⑤平均費用逓減等が挙げられる。

第一に，公共財とは，「万人に共通に消費される財及びサービスのこと」であり，非競合性（特定の個人消費が他の個人消費と競合しないこと），と非排除性（特定の個人の利用を抑制しないこと）という特性を有する。第二に，外部性とは，「個人及び法人等の経済主体の行動が，他の個人及び法人等経済主体に影響を与えること」である。第三に，不完全な情報とは，「売り手と買い手の二者間で情報を共有することができない」ことである。第四に，不完全競争とは，「特定な個人及び法人が市場を独占することは認められない」ということである。第五に，平均費用逓減とは，「サービスの供給が増大するに従い平均費用が逓減すること」である。

つまり，市場経済が正常に機能していれば，政府が効率的な資源配分を実現することが可能となるが，市場経済が完全に機能しない場合には，「市場の失敗」が生じることになり，そして，政府は，「市場の失敗」を根拠として市場経済に介入する。逆に，市場の失敗が生じなければ，政府が市場経済において効率的な資源配分を実現することができる。そして，この市場経済の均衡機能を支えているのは，消費者余剰と生産者余剰の均衡状態である。

【図表3-3】市場の失敗の根拠

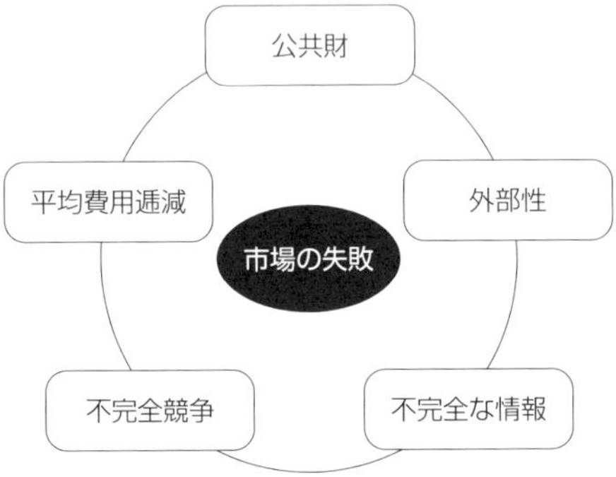

（図：市場の失敗を中心に，公共財，外部性，不完全な情報，不完全競争，平均費用逓減の5つが配置された円環図）

また，市場の失敗を是正することを目的として考えられたのが「ピグー税」であるが，ピグー税とは，イギリスの経済学者であるアーサー・セシル・ピグー（A.C. Pigou）が考案した税である。つまり，ピグーは，市場の失敗に際して，政府は課税や補助金を政策的に用いることにより社会的厚生が最大となるように努めるべきであると提唱する。

つまり，ピグーは，負の外部性がある場合には税（ピグー税）を課税し，正の外部性がある場合には補助金（ピグー補助金）を付与すべきであると説明する。例えば，ピグーの考えに拠れば，環境汚染問題は「市場の失敗」に属するが，政府は，環境汚染問題の原因を生起させた企業に対して課税を行うか，環境汚染の排除を目的として補助金を付与することにより社会的厚生の実現が最大となるような政策を選択することになる。

第2項　公共部門の役割

(1) 公共部門の位置づけ

日本の公共部門は，図表3-4に示すように，「一般政府」と「公的企業」に大別され，一般企業は，中央政府，地方政府，社会保障基金に分類され，公的企業は，政府関係機関，公社公団，地方公営企業，地方公社等に分類される。そして，地方政府には，「都道府県」と「市町村」が存在するが，明治の大合併，昭和の大合併，平成の市町村合併に伴い図表3-5に示すように大幅に市町村が減少した。

【図表3-4】公共部門の位置づけ

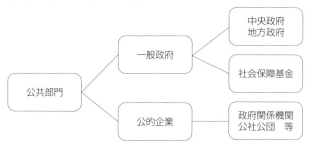

【図表3-5】市町村数の変遷　　　　　　　　　　　単位：市町村

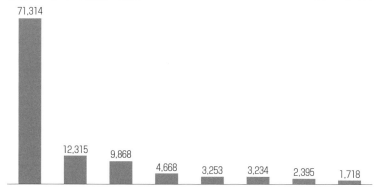

（出所）総務省「市町村合併資料集」参照。(http://www.soumu.go.jp/gapei/gapei2.html)

(2) 公共部門の政府機能

政府は、図表3-6に示すように、①資源の配分機能、②所得の再分配機能、③経済の安定化機能という公共部門における3つの機能を果たす役割を担っている。

第一に、資源の配分機能とは、「政府が社会資本や公共サービスを提供する場合には、非効率が生じないように適切に配分しなければならない」という機能のことである。例えば、警察、消防、及び医療等の公共機関を特定の地域や特定の個人だけを対象として配置したならば、その便益を享受することができる者と、便益を享受することができない者との間で不公平が生じ、後者にとっては著しく不利益が生じることになる。つまり、公共財とは、「万人に共通に消費される財」のことであり、非競合性（特定の個人消費が他の個人消費と競合しないこと）と非排除性（特定の個人の利用を抑制しないこと）という特性を有するが、資源の配分機能は政府が公共財の効率的な配分のためにも必要な機能であると認識できる。第二に、所得の再分配機能とは、「政府は、福祉国家の実現を目的として所得（資産を含む）を富裕層から収奪し貧民層に配分することも許容される」という機能のことである。つまり、所得の再分配機能とは、政府が社会秩序を維持して市場経済を安定させるためには、公平性の観点から政府が所得の再分配を行うことが許容されるという考え方である。第三に、経済の安定化機能とは、「政府は、国家の経済活動を脅かすような不安定な状況が生じた場合には、市場経済の安定化のための措置をとらなければならない」という機能のことである。つまり、経済の安定化機能とは、国際通貨危機等の外部要因に伴い失業等の社会的混乱が生じることのないように財政面の整備を行うことである。

【図表3-6】公共部門における政府の機能

第2節　公共財の評価と公共財の問題点

第1項　公共財の分類と只乗り問題

一般的に，公共財とは，「万人に共通に消費される財及びサービスのこと」であり，非競合性（特定の個人消費が他の個人消費と競合しないこと），と非排除性（特定の個人の利用を抑制しないこと）という特性を有する。

また，公共財は，図表3-7に示すように，政府が万人に財及びサービス等を提供するため，非競合性と非排除性の二つの特性を有する「純粋公共財」と，政府が一部の者に財及びサービス等を提供するため非競合性と非排除性のいずれかのみを有する「準公共財」に大別され，他者に影響を及ぼさない公共財以外の財を「私的財」と称する。例えば，道路は全ての者が政府のサービスを享受できるので純粋公共財であり，消防は火災の被災者だけが政府のサービスを享受できるので準公共財であると認識できる。

【図表3-7】公共財の分類

また，寄付，ボランティア，及びNPO等の公共財の私的供給は，国家財政に影響を与えないため政府に歓迎される行為であるが，私的に供給する公共財は，特定の個人の利用を抑制しないという「非排除性」を有するため，図表3-8に示すように，万人が負担を負うことなく無料でサービスを享受できるという「只乗り問題」を生じさせる。そのため，自己の利益のみを優先させる只乗り者の数が増えれば公共財の供給が減少傾向を示すことになる。

【図表3-8】公共財の私的供給と只乗り問題の関係

第2項　公的供給と大きな政府の問題

　政府の役割は，図表3-9に示すように，アダム・スミス等の夜警国家論者が提唱する「小さな政府」と，ケインズ等の福祉国家論者が提唱する「大きな政府」に大別される。前者は，政府の介入を生存権や財産権等の基本的人権の保障に限定するべきであるという考え方であり，後者は，政府の介入を基本的人権の保障に限定することなく社会環境の整備を目的として拡大させ政府が積極的に介入するべきであるという考え方である。

　また，小さな政府は，政府の対象範囲を「純粋公共財」に定めて資源の効率的配分を実現するのに対して，大きな政府は，政府の対象範囲を「純粋公共財」以外にも広げる。そのため，大きな政府は，資源の再分配政策を採り，社会環境の整備のために資源配分を公的部門に傾注し課税の強化も図ることになる。しかし，大きな政府の政策は，国民から勤労，貯蓄，投資等の種々の意欲を収奪し，結果として経済資源の配分効率も抑制する恐れがある。これらの弊害を防ぐためには，民営化を推進させて「小さな政府」の実現を目指すべきで

【図表3-9】小さな政府と大きな政府の比較

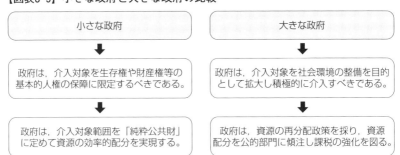

あるという見解が生まれたのである。

第3節　財政構造と一般会計・予算制度

第1項　日本国憲法の財政民主主義
(1)　日本国憲法第7章「財政」の規定

戦前の財政規定は，大日本帝国憲法（以下，「明治憲法」とする）[第6章会計]に規定され，会計法，会計規則，及び固有財産法等を設けていたが，日本国憲法では，図表3-10に示すように，[第7章]第83条から第91条に財政事項を定めている。

【図表3-10】日本国憲法［第7章財政］

第八十三条
　国の財政を処理する権限は，国会の議決に基いて，これを行使しなければならない。
第八十四条
　あらたに租税を課し，又は現行の租税を変更するには，法律又は法律の定める条件によることを必要とする。
第八十五条
　国費を支出し，又は国が債務を負担するには，国会の議決に基くことを必要とする。
第八十六条
　内閣は，毎会計年度の予算を作成し，国会に提出して，その審議を受け議決を経なければならない。
第八十七条
　予見し難い予算の不足に充てるため，国会の議決に基いて予備費を設け，内閣の責任でこれを支出することができる。
　2　すべて予備費の支出については，内閣は，事後に国会の承諾を得なければならない。
第八十八条
　すべて皇室財産は，国に属する。すべて皇室の費用は，予算に計上して国会の議決を経なければならない。
第八十九条
　公金その他の公の財産は，宗教上の組織若しくは団体の使用，便益若しくは維持のため，又は公の支配に属しない慈善，教育若しくは博愛の事業に対し，これを支

出し，又はその利用に供してはならない。
第九十条
　国の収入支出の決算は，すべて毎年会計検査院がこれを検査し，内閣は，次の年度に，その検査報告とともに，これを国会に提出しなければならない。
　2　会計検査院の組織及び権限は，法律でこれを定める。
第九十一条
　内閣は，国会及び国民に対し，定期に，少くとも毎年一回，国の財政状況について報告しなければならない。

(2) 明治憲法と日本国憲法の相違点

　明治22（1889）年に施行された明治憲法と日本国憲法は，図表3-11に示すような相違点を有する。例えば，明治憲法は，日本国憲法とは異なり，第62条1項において「租税法律主義」を定めているが，2項において例外規定を設けている（日本憲法では例外規定が存在しない）。そして，明治憲法は，原則的に，皇室費用について国会の協賛を求めない。つまり，明治憲法では，皇室経済自律主義を採用しており，そのため，帝国議会が皇室経済に関与することができず，皇室が国家財政とは別に莫大な承継財産を私有することが是認されたのである。

【図表3-11】明治憲法と日本国憲法の相違点

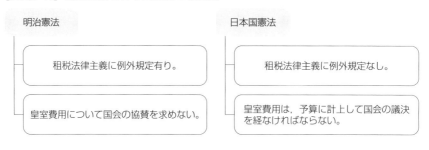

　また，旧皇室典範では，第45条「土地物件ノ世伝御料ト定メタルモノハ分割譲与スルコトヲ得ス」と第46条「世伝御料ニ編入スル土地物件ハ枢密顧問ニ諮詢シ勅書ヲ以テ之ヲ定メ宮内大臣之ヲ公告ス」で「世伝御料」が設けられたが，世伝御料は，帝国議会の干渉外に置かれた皇室財産であるため皇位継承者に承

継される承継財産として，国税その他の賦課を免じられていた。そして，世伝御料が設けられたことにより，天皇の神聖不可侵性を形成する財政的基盤が醸成されることになる。例えば，皇室財政は，明治維新を契機として次のように改善されていく。明治9（1876）年，皇室経費が帝室費（予算）及び宮内省費（予算）に区別され，図表3-12に示すように計上されたが，この時点では，皇室経費と国家の区分は不明確な状態であり，そのため，明治19（1886）年に至って皇室会計は国庫から完全に分離し「帝室会計法」が制定される。そして，皇室経済にかかわる二つの皇室令として，明治43（1910）年に「皇室財産令」が制定され，明治45（1912年）に「皇室会計令」が制定されたのである。

【図表3-12】明治9（1876）年の皇室経費〔予算〕

帝室費予算	
御手元金	282,000円
御料用金	128,000円
給付金	144,180円
雑費金	31,776円
厩費金	36,370円
営繕費	195,216円
外国留学費金	10,000円
合計	約827,500円

宮内省費予算	
給付金	294,800円
庁中費金	14,914円
省中営繕費金	3,000円
嘗典録金	4,078円
合計	約316,000円

（出所）笹川紀勝稿，「皇室経済と議会制民主主義の課題」北大法学論集（北海道大学，1990年）130-131ページ，及び『明治天皇記』第3巻，720-722ページ。

一方，日本国憲法第88条は，「すべて皇室財産は，国に属する。すべて皇室の費用は，予算に計上して国会の議決を経なければならない」と規定して，国会の議決を求める。加えて，明治憲法では，「財政上の緊急処分規定」を設けて，議会の議決を求めない規定を設けているが，日本国憲法では「財政上の緊急処分規定」は存在しないのである。

(3) **財政民主主義の概念**

財政民主主義（第83条）とは，図表3-13に示すように，「国家が財政を行う場

合には，国民から選出された議会の議決が求められる」という日本国憲法下の概念であり，「国会議決主義」（第85条）と「租税法律主義」（第84条）をその拠りどころとする。

しかし，財政民主主義には，問題点も指摘されている。例えば，財政民主主義に拠れば，予算は国会の議決を経なければならないが，予算の成立は，衆議院と参議院の両院の同意を必要としておらず，衆議院の議決を優先するため他の法律に比べて成立しやすくなっている。つまり，国家財政の根幹を成す予算は，必ずしも国会の議決に拘束されないのである。

【図表3-13】 財政民主主義の成立過程

第2項　会計情報とPDCAサイクル

(1) 国家のバランスシート

毎年度，財務省は，国家全体の資産及び負債等のストック状況を開示するこ

【図表3-14】　国のバランスシート（2017年3月現在）

資産合計　　672.7兆円		負債合計　　1,221.6兆円	
現金・預金	55.2兆円	政府短期証券	84.7兆円
有価証券	119.9兆円	（外国為替資金証券	83.4兆円）
（うち外貨証券	116.0兆円）	（その他	1.3兆円）
貸付金	115.6兆円	公債	943.3兆円
（うち財政融資資金貸付金	102.7兆円）	（建設国債	273.3兆円）
運用寄託金	109.1兆円	（特例国債	532.3兆円）
有形固定資産	181.6兆円	（財投債	96.3兆円）
出資金	72.5兆円	（その他	41.7兆円）
その他	19.0兆円	（内部保有	▲0.3兆円）
		借入金	30.8兆円
		預託金	6.5兆円
		公的年金預り金	118.8兆円
		その他	37.6兆円
資産・負債差額	▲548.9兆円		

（出所）財務省編，「日本の財政関係資料」（2018年3月）53ページ参照。

とを目的として，図表3-14に示すように，発生主義及び複式簿記を用いた企業会計の手法により貸借対照表を作成して会計情報を公表している。例えば，資産を構成するのは，現金・預金，有価証券，貸付金，運用寄託金，有形固定資産，出資金，その他であり，負債を構成するのは，政府短期証券，公債，借入金，預託金，公的年金預り金，その他である。

(2) 一般会計と特別会計

中央政府及び地方政府には，「一般会計」と「特別会計」が存在するが，一般会計とは，中央政府及び地方政府の「歳出」と「歳入」を明らかにする会計のことである。そして，中央政府及び地方政府には，特定事業を行うための原資として特定資金を用いて運用を行うことを目的として「特別会計」が設けられている。例えば，中央政府の特別会計としては，「公的年金等」を対象とした特別会計が挙げられる。

また，平成30年度の一般会計予算の内訳は，図表3-15に示すようになっている。

【図表3-15】 平成30年度一般会計歳出・歳入の構成　　　（単位：億円）

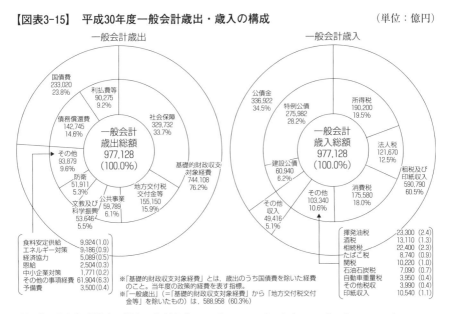

(出所) 財務省「財政に関する資料」(https://www.mof.go.jp/tax_policy/summary/condition/a02.htm)

例えば，一般会計歳出総額（977,128億円）を占めているのは，基礎的財政収支対象経費（76.2%・744,108億円），国債費（23.8%・233,020億円）であり，基礎的財政収支対象経費は，社会保障（33.7%・329,732億円），地方交付税交付金等（15.9%・155,150億円），公共事業（6.1%・59,789億円），文教及び科学振興（5.5%・53,646億円），防衛（5.3%・51,911億円），その他（9.6%・93,879億円）で構成され，国債費は，債務償還費（14.6%・142,745億円），利払費等（9.2%・90,275億円）で構成されている。

そして，一般会計歳入総額（977,128億円）を占めているのは，租税及び印紙収入（60.5%・590,790億円），その他収入（5.1%・49,416億円），公債金（34.5%・336,922億円）であり，租税及び印紙収入は，所得税（19.5%・190,200億円），法人税（12.5%・121,670億円），消費税（18.0%・175,580億円），その他（10.6%・103,340億円）で構成され，公債金は，建設公債（6.2%・60,940億円）と特例公債（28.2%・275,982億円）で構成されている。

また，中央政府から地方政府への移転財源としては，地方政府間の財政面の格差解消を目的として，予め使途が特定されない財源である「地方交付税交付金」と，本来，国が負担するべき財源であり予め使途が特定されている「国庫支出金」が挙げられる。そして，地方交付税交付金及び国庫支出金等の中央政府から地方政府への財源移譲については，特別会計を経由して移転されるケースもある。

(3) 予算制度の仕組み

予算は，政府が「歳出」と「歳入」を合理的に行うために設けられた制度であるが，日本の会計年度は4月1日から翌年の3月31日の1年間を採用している。そして，国の予算は，公共部門の基本的な経済活動に用いられる「一般会計予算」と，特定事業を行うための原資として用いられる「特別会計予算」により構成される。

また，日本では，図表3-16に示すように，政府与党が責任内閣制に基づいて予算案を国会に提出するが，例えば，各省庁が毎年5月頃から予算の見積もりを始め8月末頃までに概算要求を財務省に提出し，財務省は各省庁から提出された概算要求に基づいて財務省原案を作成し，各省庁との間で予算折衝が行われ予算案が確定し，通常1月下旬に国会（予算案は，衆議院に予算先議権が付与されているため，まず衆議院に提出される）に提出される。

【図表3-16】 予算提出の流れ

　また，財務省は，図表3-17に示すように，予算の使途及び成果を評価・検証（国会の議決・決算検査報告・予算執行調査・政策評価・行政事業レビュー等）し，予算への反映等を行い，予算編成におけるPDCAサイクルの取り組みを行っている。

【図表3-17】 予算のPDCAサイクル

（出所）財務省編，「日本の財政関係資料」（2018年3月）55ページ参照。

第4節　財政投融資制度と財政健全化

第1項　財政投融資制度の仕組み

　財政投融資制度は，図表3-18に示すように，「財政投融資」，「産業投資」，及び「政府保証」により構成される。第一に，財政投融資度とは，「毎年度に財政投融資計画に基づいて，公共部門における資金の流出を管理する公的金融システムのこと」を指すが，その原資となるのは，「郵便貯金」を中核とする「厚生年金」，「国民年金」等の公的資金と，財投債（国債）の発行により調達した資金である。

　つまり，財政投融資とは，民間企業において応じることが難しい大規模・超

長期的プロジェクトを政策的に支援することを目的として，国の特別会計，地方公共団体，政府関係機関，及び独立行政法人等に対して長期間にわたり低利の固定資金の融資を行う制度のことである。第二に，産業投資とは，産業の開発及び貿易振興を目的として，政策的必要性が高く大きなリターンを期待することができるプロジェクトを対象として，財政投融資特別会計投資勘定が保有するNTT株，JT株等の配当金などを原資とする投資（主に出資）のことである。例えば，対象となるプロジェクトは，研究支援・ベンチャー支援等である。第三に，政府保証とは，政府関係機関や独立行政法人等が金融市場で発行する債券や借入金を対象とした保証のことであり，政府保証を付与することにより事業に必要とされる資金調達の円滑化を図ることが可能となる。

【図表3-18】 財政投融資の仕組み

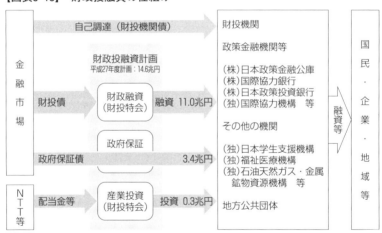

（注）計数はそれぞれ四捨五入によっているので，端数において合計とは合致しないものがあります。
（出所）財政投融資リポート2015参照。

第2項 国のプライマリーバランス

(1) プライマリーバランスの検証

財政は，「国家又は公共団体の経済である」と称されるが，現実の財政では，公債発行を拠りどころとしているため財政赤字を抱えている政府（国）もある。
つまり，公債への依存度が高い政府（国）は，将来世代に負担を先送りして

いるので，財政の健全化を図るためには，財政指標を定めることが求められる。

また，財務指標としては種々の指標が考えられるが，一般的な財務指標としては，税収から一般歳出を控除した「プライマリーバランス（基礎的財政収支）」が挙げられる。

永年，日本のプライマリーバランスは赤字状態を示しており，将来の財政安定化のためには，公債発行を重ねることが求められた。そのため，消費税の増税は，このプライマリーバランスの改善を目的としたものであると説明される。そして，世代間の不公平感を是正するための目安としては，「世代会計」と称される財務指標も存在する。高齢化社会の到来に伴い，高齢者の年金負担を目的として若年労働者に対する所得税等の税金負担を重くすることは，若年労働者の労働意欲を喪失させるばかりでなく，高齢化社会の到来に対応した政策とはいえない。そのため，世代間に対応した課税システムの整備が求められるのである。

(2) **財政支出の課題と財政健全化**

国債の支払いは，財政赤字の補塡を目的としているが，図表3-19に示すような問題点を生じさせている。

【図表3-19】財政投融資の問題点

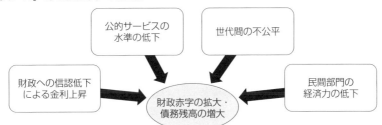

区分	内容
公的サービスの水準の低下	国債の支払いが増加し，政策経費が圧迫されたならば，社会保障，文教，防衛，インフラ整備等の国民生活に必要不可欠な公的サービスの水準が低下し，さらに，災害や経済危機等が生じた場合には，政府が果たさなければならない財政機能を発揮することができなくなる。

世代間の不公平	現役世代が受益（高齢者の年金，医療，介護等）した結果残された債務は，将来世代に対して付け回され，将来世代では，膨大な債務を償還するために給付の減少や負担が増加する。そして，受益と負担のアンバランスを現状のまま維持すれば，世界に冠たる国民皆保険・皆年金の維持，次世代への引渡しも困難になる。
民間部門の経済力の低下	政府財政への信認が低下し，国債が格下げされたならば，銀行等の社債も格下げとなり，社債発行による資金調達コストの上昇が懸念される。また，政府が赤字国債の発行を通じて民間資金を吸収し続けたならば，その結果，成長のための資金が民間に循環されず，民間部門の経済力も低下することになる。
財政への信認低下による金利上昇	債務残高の増大は，政府財政への信認を損なわせ，金利の急騰をもたらし経済への悪影響を生起させる。例えば，国債を大量に保有する金融機関に含み損が生じることにより，金融システムが不安定になり，その結果，国債の購入者が減少して政府の資金調達が困難になる。

（出所）財務省編，「日本の財政関係資料」（2018年3月）55ページ参照。

第5節　公的債務の性格と国債発行

第1項　公債の分類と国債発行の現状

公債は，「国債」と「地方債」に大別される。近年の国家財政の歳出に占める税収の割合は，図表3-20に示すように約60％程度であり，国債とは，政府が歳出に占める税収額の不足分を補い安定した財政運営を行うことを目的とした借入金のことである。

一方，地方債とは，地方財政法第5条を拠りどころとする地方公共団体が発行する公債のことであり，建設事業費や公営企業運営費等の補塡を目的としている。

また，国債は，財政法第4条第1項を拠りどころとしている。つまり，財政法第4条第1項は，「国の歳出は，公債又は借入金以外の歳入を以て，その財源としなければならない。但し，公共事業費，出資金及び貸付金の財源につい

【図表3-20】歳出に占める税収の割合

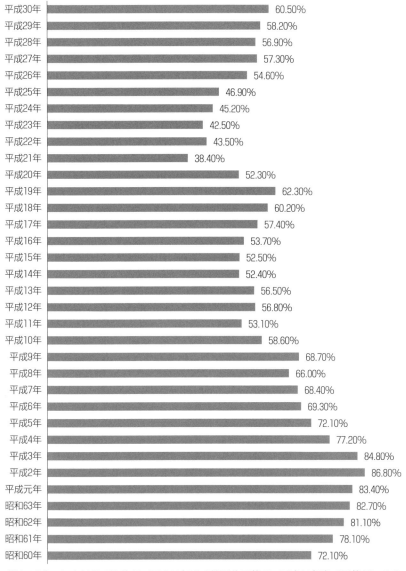

年度	割合
平成30年	60.50%
平成29年	58.20%
平成28年	56.90%
平成27年	57.30%
平成26年	54.60%
平成25年	46.90%
平成24年	45.20%
平成23年	42.50%
平成22年	43.50%
平成21年	38.40%
平成20年	52.30%
平成19年	62.30%
平成18年	60.20%
平成17年	57.40%
平成16年	53.70%
平成15年	52.50%
平成14年	52.40%
平成13年	56.50%
平成12年	56.80%
平成11年	53.10%
平成10年	58.60%
平成9年	68.70%
平成8年	66.00%
平成7年	68.40%
平成6年	69.30%
平成5年	72.10%
平成4年	77.20%
平成3年	84.80%
平成2年	86.80%
平成元年	83.40%
昭和63年	82.70%
昭和62年	81.10%
昭和61年	78.10%
昭和60年	72.10%

（注）平成28年度以前は決算額，平成29年度は補正後予算額，平成30年度は予算額による。
（出所）財務省「財政に関する資料」を基に作成。(https://www.mof.go.jp/tax_policy/summary/condition/a02.htm)

【図表3-21】一般会計税収・歳出総額及び公債発行額の推移

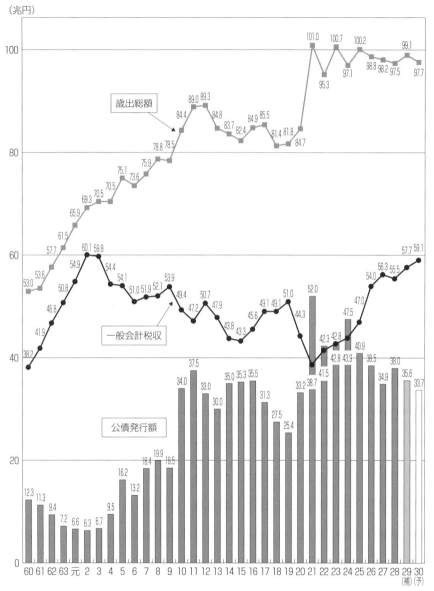

(出所) 財務省「財政に関する資料」参照。(https://www.mof.go.jp/tax_policy/summary/condition/a02.htm)

ては，国会の議決を経た範囲内で，公債を発行し又は借入金をなすことができる」と定めており，政府はこの財政法第4条第1項を拠りどころとして財政赤字部分の補塡を目的として，図表3-21に示すように，国債を発行しているのである。

しかし，国債については，公共事業費及び出資金等の財源補塡を目的として，建設国債（4条公債）を発行してきた。そして，政府は，昭和40（1965）年度の補正予算において1年限りの特例公債法を定め，特例公債（赤字国債）を発行したのであるが，建設国債，特例国債，及び復興債は，図表3-22に示すよう

【図表3-22】建設国債（4条公債）と特例公債

(1) 建設国債

財政法第4条第1項は，「国の歳出は原則として国債又は借入金以外の歳入をもって賄うこと」と規定していますが，一方で，ただし書きにより公共事業費，出資金及び貸付金の財源については，例外的に国債発行又は借入金により調達することを認めています。この財政法第4条第1項ただし書きに基づいて発行される国債は「建設国債」と呼ばれています。この建設国債は，国会の議決を経た金額の範囲内で発行できるとされており，その発行限度額は，一般会計予算総則に計上されています。また，公共事業費の範囲についても国会の議決を経る必要があり，同じく一般会計予算総則に規定されています（財政法第4条第3項）。
この限度額の議決を経ようとする時に合わせて，その参考として，年度別の償還予定額を示し，償還方法・償還期限を明らかにする償還計画表を国会に提出することとされています（財政法第4条第2項）。

(2) 特例国債

建設国債を発行しても，なお歳入が不足すると見込まれる場合には，政府は公共事業費以外の歳出に充てる資金を調達することを目的として，特別の法律（平成28年度予算を例に取れば，「財政運営に必要な財源の確保を図るための公債の発行の特例に関する法律」）によって国債を発行することがあります。通常，これらの国債は「特例国債」と呼ばれますが，その性質から「赤字国債」と呼ばれることもあります。特例国債は，建設国債と同様に国会の議決を経た金額の範囲内で発行できることとされ，一般会計予算総則にその発行限度額が計上されています。また，その参考として，国会での審議の際には建設国債と同様に，償還計画表を提出することになっています。

（出所）財務書ホームページ参照。（https://www.mof.go.jp/faq/budget/01aa.htm）

な内容である。

財政法第4条第I項は，「国の歳出は原則として国債又は借入金以外の歳入をもって賄うこと」と規定しているが，公共事業，出資金及び貸付金の財源については，例外的に国債発行や借入金をもって調達することが認められている。

まず，建設国債は，財政法第4条第I項ただし書きに基づいて発行される債権のことであり，国会の議決を経た金額の範囲内で発行することが認められており，一般会計予算総則に発行限度額が計上されている。そして，政府は，建

【図表3-23】公債残高の累積

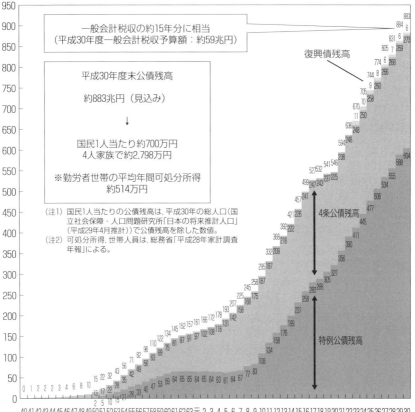

（出所）財務省「財政に関する資料」参照。(https://www.mof.go.jp/tax_policy/summary/condition/a02.htm)

設国債を発行しても歳入が不足すると見込まれる場合には、公共事業費以外の歳出に充てる資金を調達することを目的として特別の法律に基づいて特別国債を発行することができる。つまり、特別国債は、建設国債と同様に、国会の議決を経た金額の範囲内で発行することが認められているが、一般会計予算総則に発行限度額が計上されており、その性質から赤字国債とも称される。加えて、国債には、「東日本大震災からの復興のための施策を実施するために必要な財源の確保に関する特別措置法」に基づき、2011～2020年度までに実施する東日本大震災からの復旧・復興事業に必要な財源を確保するために、各年度の予算をもって国会の議決を経た金額の範囲内で発行することができる「復興債」も存在する。

その後、特例公債（赤字国債）の発行は、昭和50（1975）年度予算において特例法が制定されてから、図表3-23に示すように恒久化・状態化している。

第2項　国債発行の経済的機能

(1)　リスク・シェアリング機能

国債発行の経済的機能としては、リスク・シェアリング機能が挙げられる。このリスク・シェアリング機能とは、社会生活において契約に基づく相互扶助の関係を構築することであり、一般社会における家族関係や友人関係、そして、生活保障を目的とする保険契約に模することができる。つまり、国債の有する経済的機能としては、公平性の観点から世代間のリスク・シェアリング機能が挙げられるのである。

しかしながら、国債の発行は、世代会計の視点から鑑みた場合には、必ずしも公平であるとはいえない。なぜならば、特例公債（赤字国債）の発行は、図表3-24に示すように将来世代に対する負担の転化であり、若年世代の所得を収奪し、高齢者世代に所得移転を行うことは、国民間に不公平感を醸成させることになるからである。

【図表3-24】生涯の受益と負担

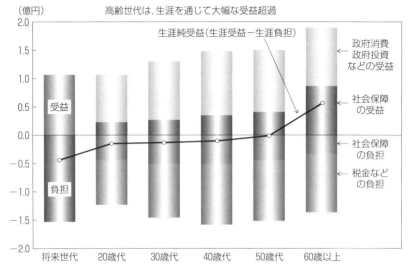

(備考) 1. 内閣府「国民経済計算」，総務省「家計調査」「全国消費実態調査」「国勢調査」，厚生労働省「社会保障統計年報」，国立社会保障・人口問題研究所「日本の将来推計人口」により作成。
2. 将来世代は，最近時点（99年）の受益水準が今後も維持される前提により算出。

(出所) 財務省「平成13年度 年次経済財政報告（第3-3-5図）」参照。

(2) クラウディング・アウト効果

クラウディング・アウト効果とは，国債発行による政府の財政支出の拡大に伴い市中の金利が上昇し，民間の資金調達の途を閉ざすことである。

また，クラウディング・アウト効果が進展した場合には，国債発行の資金が消費的支出に回され，資産蓄積を圧迫し民間の投資を減退させ将来的に国内資源を枯渇させると共に民間需要を抑制する可能性を有する。

しかし，クラウディング・アウト効果については，国債発行の主体が内国債（国内での発行債権）であれば，経済的影響を与えることはないという指摘も存在する。なぜならば，政府が内国債を発行した場合には，資金が国内で循環しているにすぎないため，国内で消費される資金については影響が生じないからである。

実際に，日本の国債の保有者は，図表3-25に示すように，日本銀行等の金融

機関と年金基金が多数を占めており,海外には流出していないのである。

【図表3-25】 国債の保有者別内訳

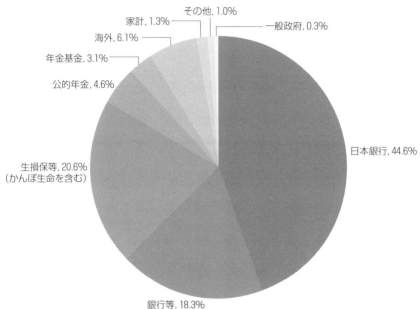

(出所)日本銀行「資金循環統計」(平成30年6月末)参照。

第4章　現代の財政上の重要課題と論点

第1節　社会保障費と国防費の関係

第1項　社会保障費と国防費の対比

平成30（2018）年12月，政府は，政府予算案の大枠を決定したが，急速に進展している「高齢化」，「幼児教育の無償化」，及び「低所得年金生活者への給付金」に対応することを目的として34兆600億円という過去最大の社会保障費を計上した。

一方，防衛費も「中期防衛力整備計画」に基づき，近隣諸国との関係悪化を受けて，国土防衛を目的として，陸上配備型迎撃ミサイルシステム（イージス・アショア）の配備やF35Aステレス戦闘機等の米国製兵器の購入のため5兆2,600億円と過去最大となった。さらに，護衛艦「いずも」の空母化改修とF35Bステレス戦闘機の導入も行う。

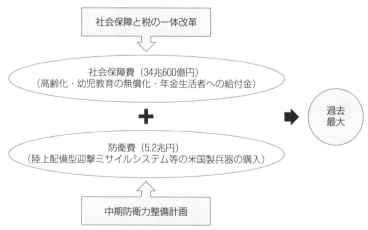

【図表4-1】2019年度予算編成における概算要求

また，識者の間では，防衛費を削減して社会保障費を増大させるべきであるとの見解もあるが，現実的には，「税と社会保障の一体改革」の下，消費税増税分を社会保障費に充当させることになる。しかしながら，国防という観点に立てば，防衛費の確保は重要であり，そのため，政府は，図表4-1に示すように，社会保障費と防衛費のバランスに配慮しながら政府予算案を決定しているのである。

第2項　社会保障と税の一体改革

　社会保障と税の一体改革は，「社会保障の充実・安定化」と，そのための「財政健全化目標の同時達成」を目指して，平成24（2012）年8月に「関連8法案」を成立させた。その後，内閣は，社会保障制度改革推進法に基づき社会保障制度改革国民会議を設置し，平成25（2013）年8月6日に報告書をとりまとめ，そして，平成25（2013）年12月には，同報告書を拠りどころとして改革の全体像や進行方法を明らかにした法案が成立したのである。

　つまり，政府は，社会保障を担う費用の相当部分を将来世代の負担とすることを防ぐことと，社会保障の充実を目的として「社会保障と税の一体化」を進めたのである。例えば，社会保障と税の一体改革では，図表4-2に示すように，

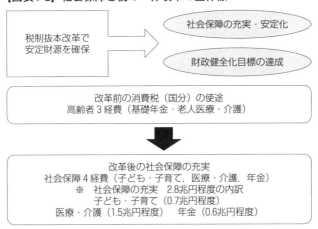

【図表4-2】社会保障と税の一体改革の全体像

（出所）財務省主計局，「社会保障について（資料2）」（2018年4月19日）参照。

「子ども」,「子育て」,「医療」,「介護・年金」という社会保障4経費の充実を目指している。

第2節　教育政策と医療・介護制度

第1項　公教育の目的と教育政策

教育費の平成30（2018）年度の歳出総額（98兆円）に占める割合は，図表4-3に示すように約4％（4兆円）であり，社会保障，地方への交付金，公共事業，防衛に次いで歳出されているが，日本の公教育は教育効果がもたらす社会的利益の確保と，貧富の差に関係なく一定の教育を享受できるという社会的公平性の実現という点から評価されている。

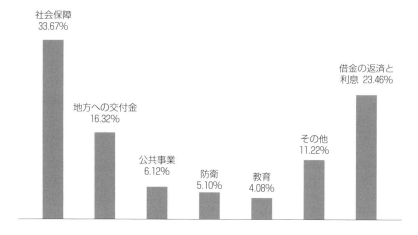

【図表4-3】平成30（2018）年度歳出

また，日本の公財政教育支出GDP比は，図表4-4に示すように，OECD（Organisation for Economic Co-operation and Development）の公財政教育支出GDP比に比べると僅少であると指摘されている。しかし，公財政教育支出を子ども1人あたりで分析するならばG5並みの数値である。例えば，日本の公財政教育支出GDP比（3.3％）は，OECD平均（4.9％）よりも少ないが，総人口に占める子どもの数の割合を考えたならば，必ずしも少ないとはいえない。

【図表4-4】日本の公財政教育支出（子ども1人あたり）

公財政教育支出 GDP 比 （2006年）	総人口に占める子どもの数の割合 （2005年）
日本（3.3％）・OECD 平均（4.9％）	日本（16.3％）・OECD 平均（22.4％）

子ども1人あたり公財政教育支出／総人口1人あたり GDP（2006年）					
日本	米	英	独	仏	G5平均
20.4％	22.1％	20.7％	20.2％	23.2％	21.3％

子ども1人あたり公財政教育支出／総人口1人あたり一般政府総支出（2006年）					
日本	米	英	独	仏	G5平均
56.0％	59.7％	44.8％	44.6％	44.0％	49.8％

（注）子どもの数については、2005年の数値を使用している。
（出所）OECD、「図表でみる教育2008」「図表でみる教育2009」、文部科学省、「文部科学省予算について」参照。

そして、日本の総人口1人あたり GDP に占める子ども1人あたりの公財政教育支出（20.4％）も G5平均（21.3％）と比べて著しく劣っているわけではない。逆に、子どもの数及び政府全体の歳出規模の観点からみれば、公財政教育支出は G5のなかでも上位に位置しているのである。

第2項　医療・介護保険制度の改革

　今後、団塊の世代が全て75歳以上となる平成37（2025）年には、日本国は超高齢化社会を迎えることになるが、日本国の医療・介護制度は、図表4-5に示すように、国民皆保険を実現している。
　また、社会保障と税の一体改革では、図表4-6に示すように、「医療・介護サービスの提供体制改革」、「医療・介護保険制度の改革」、及び「難病、小児慢性特定疾病に係る公平かつ安定的な制度の確立」等の医療・介護保険制度の改革を目的としている。まず、医療・介護サービスの提供体制改革では、①病床の機能分化・連携、在宅医療の邁進等、②地域包括ケアシステムの構築を目指した。次いで、医療・介護保険制度の改革では、①医療保険制度の財政基盤の安定化、②保険料に係る国民の負担に関する公平の確保、③保険給付の対象とな

【図表4-5】社会保険制度（狭義）

公的医療保険			
区分	健康保険	国民健康保険	後期高齢者医療制度
対象者	給与所得者とその扶養親族	自営業者とその扶養親族等	75歳以上の人
負担割合	3割 ※小学校入学前：2割 ※70歳以上：原則2割	3割 ※小学校入学前：2割 ※70歳以上：原則2割	1割 ※現役並み所得者：3割

公的介護制度		
区分	第1号被保険者	第2号被保険者
対象者	65歳以上の人	40歳以上65歳未満の人
受給者	要介護者・要支援者	特定疾病により要介護者や要支援者になった人
保険料	所得に応じて市町村が決定	健康保険：介護保険料率（1.57%） 国民健康保険：前年所得等に応じて決定
自己負担	原則1割	原則1割

る療養の範囲の適正化等，④介護給付の重点化・効率化，⑤介護保険の一号保険料の低所得者軽減強化を目指したのである。

【図表4-6】社会保障・税一体改革による社会保障の充実〔医療・介護〕

○　医療・介護サービスの提供体制改革
①　病床の機能分化・連携，在宅医療の推進等
- 病床の機能分化と連携を進め，発症から入院，回復期（リハビリ），退院までの流れをスムーズにしていくことで，早期の在宅・社会復帰を可能にする。
- 在宅医療・介護を推進し，地域での生活の継続を支える。
- 医師，看護師等の医療従事者を確保する。

（新たな財政支援制度の創設，診療報酬に係る適切な対応の在り方の検討・必要な措置）
② 地域包括ケアシステムの構築
　介護が必要になっても住み慣れた地域で暮らせるよう，介護・医療・予防・生活支援・住まいが一体的に提供される地域包括ケアシステムを構築するため，以下の取組を行う。
　 i) 医療と介護の連携， ii) 生活支援・介護予防の基盤整備
　 iii) 認知症施策， iv) 地域の実情に応じた要支援者への支援の見直し
　 v) マンパワーの確保等
　など

○　医療・介護保険制度の改革
①　医療保険制度の財政基盤の安定化
・低所得者が多く加入する国民健康保険への財政支援の拡充（国民健康保険の保険者，運営等の在り方に関する改革の前提として行われる財政支援の拡充を含む）
・協会けんぽに対する国庫補助
②　保険料に係る国民の負担に関する公平の確保
・国民健康保険等の低所得者保険料軽減措置の拡充
・後期高齢者支援金の全面総報酬割の導入
③　保険給付の対象となる療養の範囲の適正化等
・低所得者に配慮しつつ行う高額療養費の見直し
・医療提供施設相互間の機能の分担や在宅療養との公平の観点からの外来・入院に関する給付の見直し
④　介護給付の重点化・効率化
・一定以上の所得を有する者の利用者負担の見直し
⑤　介護保険の一号保険料の低所得者軽減強化　　　　　　　　　　　　　　など

○　難病，小児慢性特定疾病に係る公平かつ安定的な制度の確立

（出所）財務省主計局，「社会保障について（資料2）」(2018年4月19日）参照。

第3節　年金制度の分析と年金改革

第1項　公的年金の二階建て構造

　昭和36（1961）年，日本では「皆年金制度」が確立し，図表4-7に示すように，国民年金を基礎年金として，加入者は三種類のグループにより構成される。例

えば，国民年金と厚生年金に加入する第2号被保険者は会社員や公務員（給与所得者）であり，国民年金にのみ加入する第3号被保険者は第2号被保険者の扶養配偶者（専業主婦等）であり，そして，国民年金にのみ加入する第1号被保険者は，第2号被保険者及び第3号被保険者以外の自営業者，学生，無職者等である。

また，国民年金は，日本在住の20歳から60歳未満までの全ての人が加入する基礎年金であり，第1号被保険者（国民年金のみ加入する人）が月々納付する年金保険料は定額であるが，平成16（2004）年度から保険料が段階的に引き上げられ平成29（2017）年度に上限に達し引き上げが完了している（平成30年度時点で16,340円）。

【図表4-7】公的年金制度の仕組み

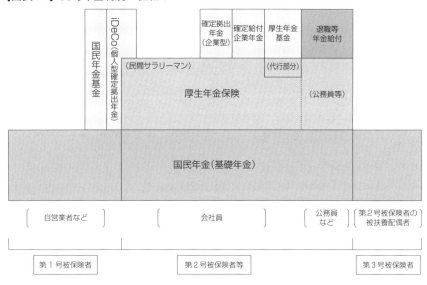

被保険者の種別	第1号被保険者	第2号被保険者	第3号被保険者
職業	自営業者・学生・無職者など	会社員・公務員など	専業主婦など
加入する制度	国民年金のみ	国民年金・厚生年金	国民年金のみ

（出所）厚生労働省「いっしょに検証！公的年金」参照。

第2項　マクロ経済スライドの導入

　公的年金全体の資金の流れは，公的年金加入者を基盤とするが，全人口に占める65以上の高齢化者の割合を示す「高齢化率」は増加傾向を示しており，賦課課税方式を原則とする日本の年金制度は限界を迎えているのである。例えば，公的年金は，図表4-8に示すように，公的年金加入者から徴収した保険料から国民年金，厚生年金，及び共済年金が給付されているが，徴収した保険料よりも給付年金の方が大きいため均衡が崩れており，将来世代への年金負担の転移も懸念されるのである。

【図表4-8】公的年金全体の流れ

国　民		年金制度
○公的年金加入者数（平成26年度末） 　　6,721万人 　　国民年金第1号被保険者　　1,742万人 　　国民年金第2号被保険者等　4,038万人 　　国民年金第3号被保険者　　　932万人 ※第2号被保険者等は，被用者年金被保険者のことをいう（第2号被保険者のほか，65歳以上で老齢又は退職を支給事由とする年金給付の受給権を有する者を含む。）。 ○受給権者数（平成25年度末） 　　3,950万人（国民の3割） ※平成26年3月1日時点の総人口（総務省統計局）に対する割合である。 ・基礎年金（40年加入） 　　　月額　　65,008円 ・厚生年金（夫婦2人分の標準的な年金額） 　　　月額　　221,507円 　　　　　　　　　（平成26年度） ○高齢者世帯の所得の約7割は公的年金 高齢者世帯の所得（300.5万円）に占める公的年金・恩給の場合　67.6%（203.3万円） 　　　　　（平成26年国民生活基礎調査）	保険料 **35.1兆円** （国民所得の約9%） （平成27年度予算ベース） 国民年金保険料：15,590(27.4〜) 〈最終〉16,900円 （29.4〜，16年度価格） 厚生年金保険料率：17.828%(27.9〜) 〈最終〉18.3%(29.9〜) 年金給付 **54.2兆円** （公的年金の給付費） （平成27年度予算ベース） cf.国の一般歳出 （平成27年度当初予算） 57.4兆円	国　民　年　金 厚　生　年　金 共　済　年　金 （平成27年10月より厚生年金に統合） 厚生年金，国民年金の年金積立金資産額 （平成26年度決算） **145.9兆円**（時価ベース） 国　等 年金への国庫等負担 （平成27年度予算ベース） **12.2兆円**

（出所）厚生労働省「公的年金制度の概要」参照。

　実際に，日本の年金制度は，図表4-9に示すように，平均寿命が延び年金給付費が増加しているのに対して，逆に，現役人口が増えず保険料収入が減少しており，将来，年金給付費と保険料収入のバランスが崩れる可能性を有しているのである。そのため，公的年金を賄う財政は，「社会全体の公的年金制度を

支える力（現役世代数の人数）の変化と平均寿命の伸びに伴う給付量の増加」というマクロ経済的視点から給付と負担の変動に応じて，給付水準を自動的に調整する仕組みを導入しているのである。

【図表4-9】年金給付費と保険料収入のバランス

〈年金給付費と保険料収入のバランスの変化のイメージ〉

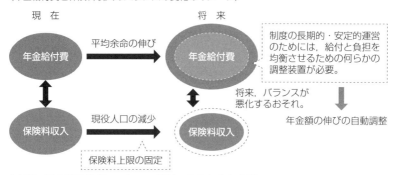

（出所）厚生労働省「いっしょに検証！公的年金」参照。

　すなわち，マクロ経済スライドの基本的考え方とは，労働厚生省の資料に拠れば，「一定期間，年金額の伸びを調整する（賃金や物価が上昇するほどは増やさない）ことで，保険料収入などの財源の範囲内で給付を行いつつ，長期的に公的年金の財政を運営することであり，マクロ経済スライドでは，5年に一度行う財政検証のときに，概ね100年後に年金給付費1年分の積立金を有することができることを目的として，年金額の伸長の調整を行う期間（調整期間）を設定している。そして，マクロ経済スライドでは，調整期間の間は，賃金や物価による年金額の伸びから『スライド調整率』を控除して年金額を改定する。このスライド調整率は，公的年金全体の被保険者の減少率の実績と平均寿命の伸びを勘案した一定率（0.3％）で計算する」と説明される。

第4節　日米同盟と思いやり予算

第1項　国防費及び防衛関係費の推移

　従来，防衛関連費は，図表4-10に示すように減少傾向を示していたが，近年，周辺国家との間に生じた安全保障環境に対応するために防衛関連費が増加し始

めている。

【図表4-10】国防費・防衛関連費の推移

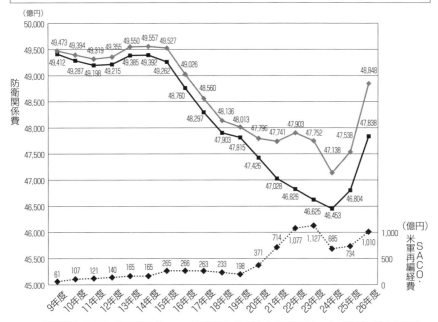

(出所) 防衛省・自衛隊,「防衛関係費の現状について」参照。

　また，中華人民共和国（以下，「中国」とする）及び大韓民国（以下，「韓国」とする）等の日本国の周辺国家は国防費を増大させており，特に，中国の国防費の増大は目覚ましく，防衛省・自衛隊の資料に拠れば，図表4-11に示すように，過去10年間で約4倍，過去26年間で約40倍の規模になっている。そのため，国防上，日本国の防衛費の更なる増加も望まれるのである。

【図表4-11】 中国及び周辺国家の国防費との比較

中国国防費との比較

- 中国の公表国防費は，引き続き速いペースで増加。過去10年間で約4倍，過去26年間で約40倍の規模となっている。なお，わが国の防衛関係費は過去10年間で約0.98倍，過去26年間で約1.29倍となっている。

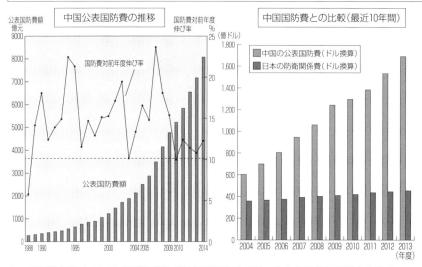

1 防衛関係費はSACO関係経費及び米軍再編関係経費のうち地元負担軽減分を除く。
2 中国国防費は中央財政支出における国防予算額。伸び率は対前年度当初予算比。
3 中国が国費として公表している額は，中国が実際に軍事目的に支出している額の一部にすぎないとみられていることに留意する必要がある。
4 経済協力開発機構（OECD）が公表している購買力平価（2014年3月時点）を用いて換算。ただし，2013年度については2014年3月末時点で中国の数値が公表されていないため，2012年度の数値を用いて換算。（2012年度：1ドル＝104.684687円＝4.230683元）
5 過去10年間の変化については2014年度と2004年度を比較，過去26年間の変化については2014年度と1988年度を比較している。
(出所) 防衛省・自衛隊，「防衛関係費の現状について」参照。

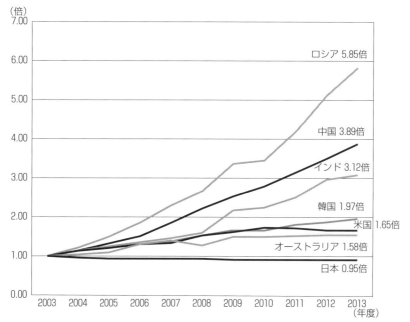

周辺国国防費との比較

・我が国周辺国は近年継続して国防費を増加させる傾向にある。

最近10年間における周辺国の国防費の変化

1 各国発表の国防費をもとに作成
2 2003年度を1とし，各年の国防費との比率を単純計算した場合の数値（倍）である。（小数点第2位以下は四捨五入）。
3 各国の国防費については，その定義・内訳が必ずしも明らかでない場合があり，また，各国の為替レートの変動や物価水準などの諸要素を勘案すると，その比較には自ずと限界がある。

（出所）防衛省・自衛隊，「防衛関係費の現状について」参照。

第2項　思いやり予算の存在意義

(1) 日米地位協定及び特別協定の概要

　日米安全保障条約（以下，「日米安保」とする）は昭和53（1978）年に成立するが，この日米安保は，日米の防衛上の同盟であり，「軍隊等の人的資源は米国側が提供し，基地及び駐留経費等の物的資源を日本側が提供することにより人的資源と物質資源を相互提供する」という日米間の協調・信頼関係の上に成

立している。そのため，日本は，昭和53（1978）年から現在まで，在日米軍駐留経費の負担を目的とする「思いやり予算」を計上している。

　また，日本政府は，日米地位協定及び特別協定（1987年以降，5年ごとに改定，2007年から2年延長の予定）を拠りどころとして，米軍の施設整備費の負担に加え，米軍基地内で勤務する日本人従業員の給与及び労務費，米軍家族が使用する住宅建設費，水道・光熱費，及び学校建設費なども負担している。その結果，前述の米軍側に対する日本政府側の負担額は，昭和53（1978）年の62億円から平成7（1995）年には2,714億円までに拡大している。そして，日米両政府の合意に基づき，平成28（2016）年度から2020年度までの思いやり予算が，5年間総額9,465億円（単年度平均・1,893億円）で合意に達した。本来，日本政府は，思いやり予算の減額を検討していたが，物価及び賃金水準の上昇分に配慮し，平成27（2015）年度実績（1,899億円）に比べても高い数値で合意するに至ったのである。

　従来，この在日米軍経費の負担額の大きさについては批判的見解も存在する。なぜならば，在日米軍経費の負担は，日本と同様に東アジア地域における米軍の防衛パートナーの一翼を担っている韓国の経費負担に比べるとはるかに大きいからである。例えば，米国防衛省〔2004年度統計〕の調査に拠れば，「米軍は海外駐留部隊の維持のために年間600億ドル以上の軍事費を計上している」が，米軍経費を負担している日本側と韓国側の負担額を比較すると，日本側の負担額が10万5,976ドル（1人当たりの負担支払額）であるのに対して，韓国側の負担額は2万1,772ドル（1人当たりの負担支払額）であり，日本側は韓国側の約5倍の負担額を支払っており，さらに，米軍の駐留国における経費負担においても，基地賃貸料，施設配備費，労務費及び水道・光熱費を日本側が全額負担しているのに対して，韓国側は一部負担又は負担なしである。

　しかし，日本側が多額の在日米軍経費を負担しているのにも係わらず，米国側には，第2次アーミテージ・ナイ・レポートに代表されるように「思いやり予算を含めた日米安保における日本側の貢献の在り方が不十分であり，日米の貢献度を対等な形に改めなければならない」とする批判が根強く存在する。

　一方，日本国内においても，日本側が在日米軍駐留経費を負担する「思いやり予算」については批判的な見解が存在する。例えば，日本共産党は，「在日米軍の活動経費のうち，日本側負担分（在日米軍関係経費）の総額が，米軍に対

する『思いやり予算』の支払いが始まった昭和53（1978）年度以来，今年度で約20兆円に達する」と試算し，国民の税金の浪費であると批判する。

また，琉球新報も，「国の借金が1千兆円を突破している現状を考えれば，日本政府は，沖縄の基地軽減を阻む元凶となっている『思いやり予算』を削減すべきだ」と指摘する。確かに，厳しい財政状態に鑑みた場合にはこれらの批判的な見解にも一理ある。

(2) 海外駐留を巡る米国軍事戦略の変化

米国には，同盟国への対応の見直しと米軍再編の動きが存在している。例えば，ジョージ・ケナン（George. F. Kennan）は，「米軍の海外への関与を縮小するべきであり，地域内の勢力均衡の維持についても，米国が干渉することなく地域を構成する国に任せ，地域内の均衡バランスが保てなくなった場合にのみ米軍が介入し，海外基地から米軍を撤退させた穴埋めは核兵器や長距離機動力を強化することで補填するべきである」と提案する。つまり，ジョージ・ケナン（George. F. Kennan）は，米国自身の安全保障について確保するためにも，軍事戦略において重要な地域は敵国に譲渡するべきでないが，海外における米軍基地の縮小について提案しているのである。

また，米国には，GPR（Global Posture Review：グローバルな態勢の見直し）が存在している。GPRとは，潜在的に海外駐留軍の撤退を目指す戦略的思想であるが，米軍はGPRに基づいてアイスランドから完全に撤退した。その結果，アイスランドは，米軍のアイスランド撤退に伴い自国防衛の強化に追われている。今後，米国は，韓国駐留米軍の再編や縮小・撤退も検討しており，仮に，米軍が韓国国内から完全に撤退したならば，東アジアの防衛は極めて不安定なものになることが予測できる。

加えて，マイケル・マンデルバウム（Michael Mandelbaum）は，「見捨てられる恐怖と巻き込まれる恐怖から成り立つ同盟のディレンマについて指摘する」が，日本側が見捨てられる恐怖を恐れるのであれば，日本は米軍との軍事同盟を維持すべきである。

また，同盟は，一種の取引になぞらえることができるが，同盟を取引として認識するのであれば，同盟国間に相応の義務が発生することになる。しかし，同盟は必ずしも双務的な関係ばかりでなく，政治的判断によって片務的な関係も成立する。仮に，日米同盟が，潜在的な片務的関係であったとしても，「思い

やり予算」という同盟国の義務を果たす意思表示を米国側に示さなければ，日米の同盟関係を構築することは難しい。

つまり，日本が不変的な日米同盟の構築を目指すのであれば，米国が欲する「思いやり予算」を計上し，同盟という取引を成立させなければならないのである。

現在，日本国内は，東アジアの国際的緊張が高まるなか，日米安保の是非を巡り世論も分かれ難しい局面に立たされている。かつて，米国大統領のリチャード・M・ニクソン（Richard Milhous Nixon）は，「アジア地域の安全を維持するためには，日本にも積極的にアジア地域の防衛と責務を担わせるべきであり，米軍撤退後の対応策として将来的に日本の核武装を容認するべきである」と主張している。勿論，この時点では，実現することのありえない提案とされていたが，近年の東アジアの国際緊張関係を鑑みると，必ずしも否定することができない防衛プランとして認識され始めているのである。

筆者が乗艦した海上自衛隊横須賀基地の護衛艦（筆者撮影・2016年）

第5節　地方財政と法定外税

第1項　地方財政の仕組みと地方政府の財源

(1) 地方政府の歳入状況と歳出状況

都道府県の歳入は，図表4-12に示すように，住民税（道府県民税），法人事業税，地方消費税，及び自動車税の占める割合が大きく，市町村の歳入は，住民税（市町村民税），固定資産税，都市計画税，及び市町村たばこ税等の占める割合が大きい。

また，地方政府の歳出は，図表4-13に示すように，民生費，教育費，公債費，土木費，総務費，衛生費，商工費，及び農林水産業費等により構成されている。

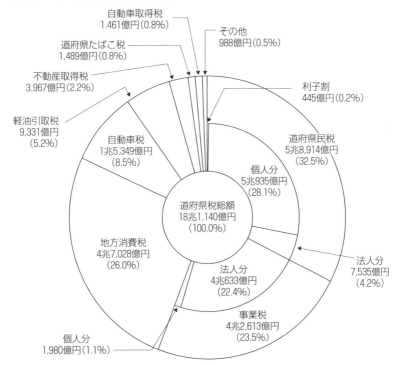

【図表4-12】地方政府の歳入内訳

92　第4章　現代の財政上の重要課題と論点

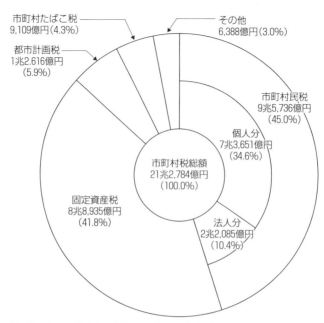

（出所）財務省「平成30年版　地方財政白書（平成28年度決算）」参照。

【図表4-13】 地方政府の歳出内訳

目的別歳出決算額の構成（平成28年度決算）

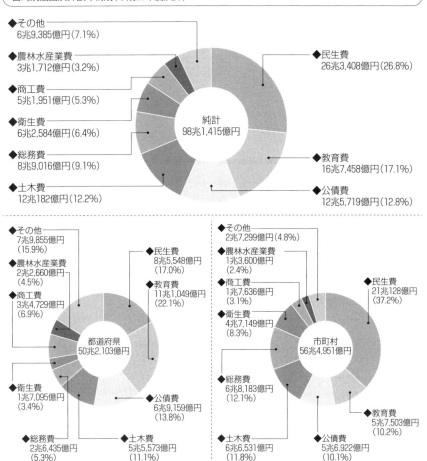

総務費：全般的な管理事務，財政・会計管理事務に要する費用等
民生費：児童，高齢者，心身障害者等のための福祉施設の整備・運営・生活保護の実施等の費用
教育費：学校教育，社会教育などに使われる費用
土木費：道路，河川，住宅，公園など各種の公共施設の建設整備の費用
公債費：借入金の元金・利子などの支払いの費用

（出所）財務省「平成30年版 地方財政白書ビジュアル版（平成28年度決算）」参照。

(2) 地方交付税交付金制度と地方財政計画案

地方交付税交付金制度とは，本来，地方の収入とするべき性質のものであるが，国が国税として地方団体に代わって徴収し，地方団体が一定の水準を維持すると共に地域間の公共サービスの財源格差の調整を目的として，一定の合理的な基準により国から地方団体に対して供される国による地域間の所得の再分配システムのことである。

また，地方財政計画案とは，地方交付税法第7条の規定に基づき作成される地方団体の歳入及び歳出の見込額に関する計画書のことであるが，地方交付税法第6条に拠れば，地方交付税の総額は，所得税及び法人税の33.1%（平成27年度から），酒税の50%（平成27年度から），消費税の22.3%（平成26年度から），地方法人税の全額（平成26年度から）とされている。

なお，平成30（2018）年の地方財政計画（62.1兆円）の内訳は，図表4-14に示すように，地方税（39.4兆円・64%），地方譲与税及び地方特例交付金（2.7兆円・4%），地方交付税（16.0兆円・26%），臨時財政対策債（4.0兆円・6%）であり，一般財源における地方税と地方交付税の重要性が窺える。

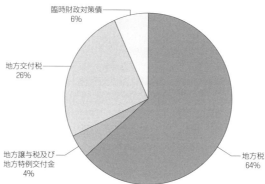

【図表4-14】平成30年度地方財政計画（概算要求）

また，地方交付税には，交付金の大部分を担う「普通交付税」と，天災等の普通交付税では対応できない予測不可能な地方歳出に応えるための「特別交付税」が存在するが，普通交付税の額は，図表4-15に示すように，各地方団体の基準財政需要額と基準財政収入額の差額に対して分配される。そのため，交付

金は，基準財政需要額が基準財政収入額を超える場合にのみ分配され，逆に，基準財政収入額が基準財政需要額を超えた場合には分配されないのである。

【図表4-15】普通交付税の額の算定方法

- 各団体の普通交付税額＝（基準財政需要額－基準財政収入額）＝財源不足額
- 基準財政需要額＝単位費用（法定）×測定単位（国調人口等）×補正係数（寒冷補正等）
- 基準財政収入額＝標準的税収入見込額×基準税率（75％）

（注1）単位費用は，「標準的条件を備えた地方団体が合理的，かつ妥当な水準において地方行政を行う場合又は標準的な施設を維持する場合に要する経費を基準」として算定される。
（注2）実際の各地方団体の測定単位当たりの行政経費は，自然的・社会的条件の違いによって大きな差があるので，これらの行政経費の差を反映させるため，その差の生ずる理由ごとに測定単位の数値を割増し又は割落とししている。これが測定単位の数値の補正であり，補正に用いる乗率を補正係数と称する。
（出所）総務省，「地方財政制度　地方交付税」参照。(http://www.soumu.go.jp/main_sosiki/c-zaisei/kouhu.htm)

第2項　法定外税の創設と問題点

平成25（2013）年，地方分権改革推進本部（本部長・安倍晋三内閣総理大臣）と地方分権改革有識者会議（座長・神野直彦）が発足し地方分権改革が検討されたが，地方団体が健全な財政改革を実現するためには行財政改革を行うことが求められる。

但し，地方分権改革は，安倍晋三内閣の発足以前からも行われていた。例えば，平成11（1999）年，小渕恵三内閣は，地方財政の健全化を図ることを目的として，地方自治体の課税自主権を尊重して独自課税制度の要件を緩和し，そ

【図表4-16】法定外税の分類

して，地方分権一括法を成立させて条例に基づく「法定外税」を定めたが，この法定外税は，図表4-16に示すように，税収を特定目的に用いる「法定外目的税」と税収の使途を限定しない「法定外普通税」に分類される。

しかし，法定外税については，図表4-17に示すように，租税輸出の発生，二重課税の発生，拒否権プレイヤーの登場，及び法人への加重課税等の課税上の問題点が指摘されている。

【図表4-17】法定外税の問題点

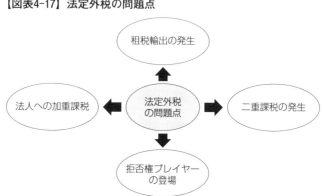

第一に，租税輸出の発生とは，他の地方団体の住民に税負担を転嫁することにより生じる課税上の問題点のことである。例えば，東京都の法定外税である「宿泊税」は，図表4-18に示すように，東京都以外の地方公共団体に居住する

【図表4-18】宿泊税の概要

団体名	税目	課税客体	課税標準	納税義務者	徴集方法	税率	施行年月日
東京都	宿泊税	ホテル又は旅館への宿泊	ホテル又は旅館への宿泊数	ホテル又は旅館の宿泊者	特別徴集	1人1泊について宿泊料金が10千円以上15千円未満：100円　15千円以上：200円	平成14年10月1日施行

(出所) 総務省ホームページ参照。

住民の宿泊料金に対して課税され，他の地方公共団体の住民に税負担を転嫁しているため，東京都の法定外税である宿泊税は「租税輸出」の典型であると指摘されている。

第二に，二重課税とは，法定税目と法定外税目が重複した場合に，同一の課税対象を課税客体として共有することに生じる課税上の問題のことである。例えば，福岡県の「産業廃棄物税」と福岡県北九州市の「環境未来税」の間で，図表4-19に示すように，課税客体及び課税標準が重複していると指摘される。なお，北九州市は，課税客体及び課税標準の重複について，原則的には基礎地方団体である「市」が優先されるべきであると説明している。

第三に，拒否権プレイヤーの登場とは，地方公共団体の意思決定に対して拒否権プレイヤーが影響を与えるという問題点である。この拒否権プレイヤーとは，その者の同意なくしてゲームを進行させることもゲームを終了させることもできない者のことである。例えば，横浜市は，総務省及び総務大臣という拒否権プレイヤーの存在によって「勝馬投票券発売税」を導入することができなかったが，総務大臣が拒否権プレイヤーとなった理由としては，横浜市が「勝

【図表4-19】産業廃棄物税と環境未来税の概要

団体名	税目	課税客体	課税標準	納税義務者	徴集方法	税率	施行年月日
福岡県	産業廃棄物税	焼却施設及び最終処分場への産業廃棄物の搬入	焼却施設及び最終処分場へ搬入される産業廃棄物の重量	焼却施設及び最終処分場へ搬入される産業廃棄物の排出事業者及び中間処理業者	特別徴集 ※自社処分は申告納付	焼却施設：800円/トン 最終処分場1,000円/トン	平成17年4月1日施行
北九州市	環境未来税	最終処分場において行われる産業廃棄物の埋立処分	最終処分場において埋立処分される産業廃棄物の重量	最終処分場において埋立処分される産業廃棄物の最終処分業者及び自家処分業	申告納付	1,000円/トン ※条例施行後3年間は500円/トン	平成15年10月1日

(出所) 総務省ホームページ参照。

馬投票券発売税」を導入したならば，中央競馬の収入がもたらす財政的安定を脅かす可能性があるためであると推測できる。

　第四に，法人への過重課税とは，法人に対して過剰な課税を実施したことにより発生した課税上の問題点のことある。例えば，東京都は，資金量が5兆円以上の大銀行を納税義務者として，平成12（2000）年4月1日以後に開始の事業年度分から5年間に限って，その「業務粗利益」を課税標準として3％の税率で課税する「銀行税条例」を定めた。その後，東京都の「銀行税条例」は，平成12（2000）年4月1日に公布・施行され，平成14（2002）年3月26日の第1審判決（東京地裁），平成15（2003）年1月30日の控訴審判決（東京高裁）を経て，東京都と納税義務者に指名された銀行間との間での和解を経て，税率が平成15（2003）年10月8日に3％から0.9％に引き下げられている。

　しかし，この東京都が試みた「銀行税条例」は，地方公共団体の課税権に対して新しい一石を投じた試みとして評価される。

第5章　現行の所得課税の構造と論点

第1節　所得税とシャウプ勧告

第1項　所得税の計算と所得税改革

(1)　昭和25年度税制改正

　昭和24（1949）年，日本における長期的・安定的な税制及び税務行政の確立を図るため，シャウプ使節団が来日し「シャウプ勧告書」が提出されたが，シャウプ勧告書とは，「シャウプ使節団日本税制報告書」（Report on Japanese Taxation by the Shoup Mission, vol. 1～4, 1949）と「第二次報告書」（Second Report on Japanese Taxation by the Shoup Mission, 1950）の併称のことである。

　つまり，シャウプ勧告とは，近代的な税制の構築を目的とし直接税を中核とする包括的所得税に基づく税制改革案のことである。税制改革案では，国税と地方税に跨る税制の合理化と負担の適正化が図られ，所得税の基礎控除を引き上げて負担の軽減を図りその減収分を補填するために「富裕税」が創設され，さらに，申告納税制度の水準の向上を図ることを目的として「青色申告制度」及び「納税貯蓄組合制度」が導入された。

　また，富裕税とは，財産価額が五百万円をこえる者に対して新たに所得税の補完を目的として設けられた税金のことであり，税率は，五百万円超（千分の五），千万円超（百分の一），二千万円超（百分の二），五千万円超（百分の三）であるが，富裕税は，税務行政を効率化するという点で優れているが，その反面で財産を構成する不動産と動産の評価が難しく不公平を生じさせると共に納税者の貯蓄意識を減退させると指摘され，昭和28（1953）年に廃止されている。

　昭和25（1950）年税制改正（昭和25年1月17日閣議決定）は，概ねシャウプ税制使節団の勧告の基本原則に従うことと決定するが，更に一層実情に即することを目的としこれに適当と認められる調整を加えて税制の合理化及び租税負

【図表5-1】昭和25年税制改正（所得税の控除と税率）

(一) 所得税負担の軽減合理化を図るため，控除及び税率を次のように改めること。
 (1)基礎控除　年二万五千円（勧告二万四千円　現行一万五千円）
 (2)扶養控除　所得控除年一万二千円（勧告同上　現行税額控除一，八〇〇円）
 (3)勤労控除　百分の十五，最高三万円（勧告百分の十，最高二万円，現行百分の二十五，最高三万七千五百円）
 (4)税率
　　　五万円以下の金額　　　百分の二十
　　　五万円をこえる金額　　百分の二十五
　　　八万円をこえる金額　　百分の三十
　　　十万円をこえる金額　　百分の三十五
　　　十二万円をこえる金額　百分の四十
　　　十五万円をこえる金額　百分の四十五
　　　二十万円をこえる金額　百分の五十
　　　五十万円をこえる金額　百分の五十五
　　（勧告三十万円をこえる金額　百分の五十五）

(出所) シャウプ使節団日本税制報告書（著者所蔵）

担の軽減適正化を図るものとすることを方針として、所得税の控除と税率を図表5-1に示すように定めた。

その後、昭和25（1950）年度補正予算に伴う税制改正（昭和25年10月3日閣議）において、基礎控除（年三万円）と扶養控除（年一万五千円）が改正され、税率も課税所得金額五万円以下二十％ないし百万円超五十五％を基準として暫定的に軽減を行うことになった。

(2) **所得税の計算方法**

所得税の意義、学説、及び概念は、図表5-2に示すような内容である。

【図表5-2】所得税の意義・学説・概念

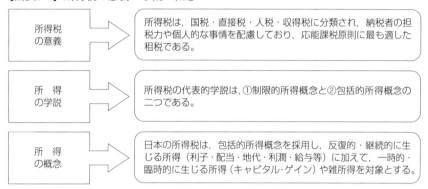

所得税は、個人が1月1日から12月31日までの1年間に得た収入から収入を得るためにかかった必要経費を控除した金額に対して課税される。但し、所得税は、賦課課税方式ではなく申告納税方式を採用している。なお、課税所得の範囲と所得税が非課税となるものは、図表5-3に示すような内容である。

また、所得税は、次の①から④の手順により計算する。

① 所得税は、収入金額から必要経費を控除して所得を算出し、所得から所得控除して課税所得を算出し、課税所得に税率を乗じて税額を算出する。

収入金額－必要経費＝所得　所得－所得控除＝課税所得　課税所得×税率＝税額

【図表5-3】課税所得の範囲と非課税となるもの

区分			課税所得の範囲
居住者	非永住者以外の者	国内に住所を有し又は現在まで引き続いて1年以上居所を有する個人のうち，非永住者以外のもの。	国内外を問わず，すべての所得
	非永住者	居住者のうち，日本国籍を有しておらず，かつ，過去10年以内において，国内に住所又は居所を有していた期間が5年以下である個人のこと。	国内源泉所得と，国内払い又は国内に送金されたもの
非居住者		居住者以外の個人のこと。	国内源泉所得
法人・人格のない社団		—	利子等・配当等その他特定の所得

所得税が非課税となるもの	・社会保険料（労災・失業・障害・遺族等）の給付金 ・通勤手当（月額15万円以内） ・生活用財産（30万円超の宝飾・貴金属等を除く）の譲渡に伴う所得 ・損害又は生命保険契約の保険金 　（但し，身体の障害に起因して支払われたもの） ・損害保険契約の保険金 　（但し，資産の障害に起因して支払われるもの）

● 所得税率

課税総所得金額（A）	税額の計算式
195万円以下	A × 5%
195万円超　330万円以下	A ×10％－ 97,500円
330万円超　695万円以下	A ×20％－ 427,500円
695万円超　900万円以下	A ×23％－ 636,000円
900万円超　1,800万円以下	A ×33％－ 1,536,000円
1,800万円超　4,000万円以下	A ×40％－ 2,796,000円
4,000万円超	A ×45％－ 4,796,000円

（注）課税山林所得金額に対する税額は5分5乗方式による。

② 所得を「総合課税される所得」と「分離課税される所得」に区分し、損益通算及び損失の繰越控除を経て「課税標準」を算定する。
　また、所得は、10種類に区分され、総合課税される所得と、分離課税される所得に大別される。

所得区分	内　容
利子所得	預貯金や公社債の利子並びに合同運用信託、公社債投資信託及び公募公社債等運用投資信託の収益分配金に係る所得のことである。
配当所得	株主配当金、投資信託（但し、公社債投資信託及び公募公社債等運用投資信託を除く）及び特定受益証券発行信託の収益分配金などに係る所得のことである。
不動産所得	土地や建物などの不動産、借地権など不動産の上に存する権利、船舶や航空機の貸付け（地上権又は永小作権の設定その他他人に不動産等を使用させることを含む。）などに係る所得（事業所得又は譲渡所得に該当するものを除く）のことである。
事業所得	農業、漁業、製造業、卸売業、小売業、サービス業その他の事業から生ずる所得（但し、原則として不動産所得や山林所得を除く）のことである。
給与所得	勤務先から受ける給料、賞与などの所得（但し、正社員以外のアルバイトやパートタイマーの所得を含む）のことである。
退職所得	退職により勤務先から受ける退職手当や厚生年金保険法に基づいて支払われる一時金などの所得のことである。
山林所得	山林を伐採して譲渡したり、立木のままで譲渡することによって生ずる所得（但し、所有期間が5年間を超えるもの）のことである。
譲渡所得	土地、建物、株式、ゴルフ会員権、書画、骨董等の資産を譲渡することによって生ずる所得のことである。但し、生活用動産の譲渡による所得や国又は地方公共団体に対する財産の寄附は該当しない。
一時所得	利子所得、配当所得、不動産所得、事業所得、給与所得、退職所得、山林所得、譲渡所得のいずれの所得にも該当しないもので、労務その他の役務の対価としての性質や資産の譲渡による対価としての性質を有しない一時の所得のことである。例えば、懸賞・福引・クイズの賞金、競馬や競輪等の払戻金、生命保険の満期保険金や損害保険の満期返戻金等が該当する。

| 雑所得 | 上記のいずれにも該当しない所得のことであり，国民年金や厚生年金等の公的年金等が該当する。 |

総合課税される所得	利子所得（預貯金の利子等であるが原則的に源泉徴収され源泉所得分離課税の対象となる），配当所得，不動産所得，事業所得，給与所得，譲渡所得（土地・建物・株式の譲渡以外の所得），一時所得，及び雑所得
分離課税される所得	退職所得，山林所得，譲渡所得（土地・建物・株式の譲渡所得）
損益通算できる所得	不動産所得，事業所得，山林所得，及び譲渡所得

③ 課税標準から「所得控除」し課税所得金額を算定し，課税所得金額に所得税率を乗じ税額を計算し，税額控除を控除し税額を算定する。

なお，所得控除は，人的控除（配偶者控除，配偶者特別控除，扶養控除，障害者控除，寡婦・寡夫控除，勤労学生控除・基礎控除）と，物的控除（雑損控除，医療費控除，社会保険料控除，小規模企業共済等掛金控除，生命保険料控除，地震保険料控除，寄附金控除）の14種類に区分される。

● 人的控除

所得控除	控除額	主たる適用要件
配偶者控除	最高：38万円 (老人控除：48万円)	配偶者の合計所得金額が38万円以下で，納税者本人の合計所得金額が1,000万円以下であること。
配偶者特別控除	最高：38万円	配偶者の合計所得金額が38万円超123万円以下で，納税者本人の合計所得金額が1,000万円以下であること。
扶養控除	原則：38万円 特定扶養親族：63万円 老人扶養親族：48万円 (同居老親等：58万円)	納税者本人と生計を一にする配偶者以外の親族であり，その親族の合計所得金額が38万円以下であること（但し，青色事業専従者や事業専従者は除く）。
障害者控除	原則：27万円 特定障害者：40万円 同居特別障害：75万円	納税者本人が障害者である場合や，同一生計配偶者又は扶養親族が障害者である場合に適用できること。

寡婦・寡夫控除	原則・27万円	納税者本人が配偶者と死別，もしくは離婚して婚姻していないこと。
勤労学生控除	原則：27万円	納税者本人が勤労学生（合計所得金額が65万円以下である者）であること。
基礎控除	原則：38万円	全ての納税者に適用される。

● 物的控除

所得控除	控除額	主たる適用要件
雑損控除	以下のうちの多い金額 ① 損失額から（課税標準×10%）を控除した金額 ② 災害関連支出額から5万円を控除した金額	災害又は遭難もしくは横領によって，資産について損害を受けた場合等には，一定の金額の所得控除を受けることができる。なお，詐欺や恐喝の場合には，雑損控除は受けられない。
医療費控除	支出額から保険金等の額と10万円を控除した金額であり，最高で200万円である。 但し，その年の総所得金額等が200万未満の人は，総所得金額等の5％の金額である。	その年の1月1日から12月31までの間に納税者本人や納税者本人と生計を一にする配偶者その他の親族の医療費を支払った場合に適用される。但し，未払いの医療費は，現実に支払った年の医療費控除の対象となる。 （注）その年の総所得金額等が200万未満の人は，総所得金額等の5％の金額
社会保険料控除	支出額 但し，控除できる金額は，その年に実際に支払った金額又は給与や公的年金から差し引かれた金額の全額である。	納税者本人が自己又は自己と生計を一にする配偶者やその他の親族の負担すべき社会保険料を支払った場合の金額のことである。
小規模企業共済等掛金控除	支出額	納税者本人が小規模企業共済法に規定された共済契約に基づく掛金等を支払った場合に適用される。
生命保険料控除	最高：12万円	納税者本人が一般生命保険料，個人年金保険料，介護医療保険料等を支払った場合に適用される。
地震保険料控除	最高：5万円	納税者本人が居住用家屋や生活用動産を保険目的として地震保険料を支払った場合に適用される。

寄付金控除	支出金額から2千円を控除した金額	納税者本人が国や地方公共団体、特定公益増進法人などに対し、特定寄附金を支出した場合に適用される。

④ 課税所得金額を計算してから所得税率を乗じることにより所得税額を計算する。但し、税額から住宅借入金等特別控除（住宅ローン控除）、住宅の三世代同居改修工事にかかる特例、配当控除等の「税額控除」を差し引いて税額を算定する。

　また、不動産所得、事業所得、山林所得のある人が複式簿記に基づいて帳簿を作成した場合には、「青色申告」を行うことができるが、青色申告の主な特典としては、青色申告特別控除、青色事業専従者給与の必要経費の算入、純損失の繰越控除・繰戻還付等が挙げられる。

● 所得税の確定申告

第2項　所得税を巡る問題点

(1) 包括所得税論の検証

わが国の所得税は、シャウプ勧告を受けて課税の公平性を重視した「包括的所得税論」を拠りどころとしている。つまり、包括的所得概念に基づく所得税では、まず、所得の源泉を問わず担税力に重きを置いて総合所得税とし、次いで、水平的公平性に基づいて分離所得税を採用している。

しかしながら、現行の所得税は、種々の政策的配慮を行った結果、必ずしも包括的所得税論を採用しているとはいえない状態を示しており、近年、二元的所得税が注目されている。二元的所得税とは、すべての所得を図表5-4に示すように比例税率を適用する利子・配当・家賃・土地等のキャピタルゲイン・投資収益的部分の事業収益の「資本所得」と、累進税率を適用する賃金・給与・フリンジベネフィット・社会保障給付・賃金報酬部分の事業収益の「勤労所

得」の2種類に区分して課税する方法のことである。例えば、スウェーデンやフィンランドでは、図表5-5に示すように金融所得に対して二元的所得税が適用されている。但し、この二元的所得税に対しては、「不労所得である資本所得を過度に優遇している」という批判的な見解もある。

【図表5-4】二元的所得税の所得構成

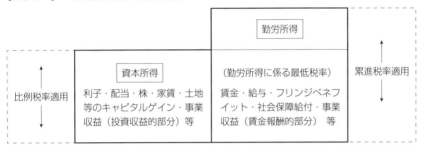

(出所) 財務省「— S. Cnossen, "Dual Income Tax"(1977)に基づく概念図—」参照。

(2) 青色申告制度の検証

シャウプ勧告は、所得税を中心とする課税の公平性の実現を目的としている

【図表5-5】金融所得に対する課税方法の国際比較

国名	所得税の課税方法				
	資産所得			勤労所得	
	株式譲渡所得	利子所得	配当所得	事業所得	給与所得
日本	申告分離課税	源泉分離課税	総合課税(注)	総合課税	
スウェーデン	分離課税			分離課税・総合課税	総合課税
フィンランド	分離課税	源泉分離課税	分離課税	分離課税・総合課税	総合課税
アメリカ	総合課税				
イギリス	総合課税				

(注) 実際には、申告不要制度を用いて源泉分離課税を採用することもできる。
(出所) 森信茂樹稿、「二元的所得税とわが国への政策的インプリケーション」財務省財務総合政策研究所、『ファイナンシャル・レビュー』October・2002, 51ページを基にして作成。

が，青色申告制度は，このシャウプ勧告の考え方を具現化するために創設された申告制度である。そして，青色申告制度は，納税者に対して適正な申告を促すことを目的として正確な帳簿記入を実践する役割を担う日本独自の納税システムのことであり，自主申告の促進を目的として図表5-6に示すようなインセンティブとしての特典が与えられている。

【図表5-6】青色申告制度の特典

① 青色事業専従者給与 　青色申告者と同一生計の親族（15歳未満の者を除く）のうち事業に専従する者に支払う給与で労務の対価として相当であるものは必要経費に算入できる。 ② 青色申告特別控除 　青色申告者は，不動産所得，事業所得又は山林所得から10万円（これらの所得の合計額を限度とする）を控除できる。

　現在，わが国の大多数の法人と過半の個人が青色申告を採用しているが，この青色申告制度には，「青色申告に付与される特典が課税の公平性を害している」という問題点が指摘されている。例えば，昭和59（1984）年，白色申告に対しても一定の記帳義務が規定されるという二重構造の時代を迎えると青色申告の特典のなかに本来ならば白色申告に認められるべき性質のものが含まれているという批判的見解が生まれ，そして，この批判は，青色申告者と白色申告者及び給与所得者との間に不公平性を醸成していると説明される。

　しかしながら，現実問題として，青色申告制度に求められる記帳水準と白色申告制度における記帳水準との間には大きな差異が存在しており，仮に，青色申告制度と白色申告制度の垣根を取り払うならば，全ての納税者の記帳帳簿に対して，取引事実の網羅性と検証性が求められることになる。そして，青色申告と白色申告の整合を求めることは，自主納税の範疇から逸脱し，行き過ぎた税務行政という新たな批判を生み出す可能性を有している。

(3) ふるさと納税制度の検証

　ふるさと納税とは，故郷や応援したい地域への寄附による地域経済の活性化を目的として，平成20（2008）年に創設された寄附制度のことである。例えば，ふるさと納税においては，図表5-7に示すように，確定申告時に自己負担分の2,000円を控除した金額を寄附金額として所得税及び住民税から控除すること

ができる。

その後，平成27（2015）年度税制改正では，「ふるさと納税ワンストップ特例制度」が創設されたが，ふるさと納税ワンストップ特例制度の意図は，「納税先が5自治体であれば，確定申告を不要とすることによりふるさと納税制度の拡充を図る」ことにある。

【図表5-7】ふるさと納税の算出方法

①　所得税の控除《還付》
　{ふるさと納税（寄付）－2,000円}×所得税率（0％～45％　※所得金額により異なる）
②　住民税の控除《基本分》
　{ふるさと納税（寄付）－2,000円}×10％
③　住民税の控除《特例分》
　{ふるさと納税（寄付）－2,000円}×{100％－10％（基本分の税額控除）－所得控除}

現在，ふるさと納税制度は盛況であり，平成29（2017年）の寄附額は合計3,653億円を計上する。そして，ふるさと納税制度により寄附金額を得た自治体は，図表5-8に示すように多く，地方自治体はこれらの寄附金額を用いて地域経済の活性化を目的として，環境問題の改善対策，人口減少・流出対策，自然災害・防災対策，子育て支援・スポーツ振興対策，及び文化活動支援などを充実させているのである。

しかしながら，ふるさと納税制度については否定的見解も多く，例えば，ふ

【図表5-8】ふるさと納税による寄附金額（2015年4月1日～2016年3月31日）

自治体名	寄附金額	自治体名	寄附金額
宮崎県都城市	42億3,123万3,673円	長崎県佐世保市	26億4,759万6,528円
静岡県焼津市	38億2,548万1,805円	長崎県平戸市	25億9,978万5,142円
山形県天童市	32億2,788万4,109円	長野県伊那市	25億8,262万7,324円
鹿児島県大崎町	27億1,964万1,628円	島根県浜田市	20億9,357万3,000円
岡山県備前市	27億1,568万6,156円	佐賀県上峰町	20億6,178万5,826円

（出所）総務省の「ふるさと納税ポータルサイト」（ふるさとチョイス調べ・ランキングチョイス）参照。

るさと納税制度は，応益原則から著しく逸脱しており税理論的にも説明できないと批判される。

また，ふるさと納税制度における地方自体間に生じた過度なお土産競争や返礼品競争も本来のふるさと納税の主旨から逸脱していると批判の的になっている。例えば，地域の特産物とは認めがたいような宝飾品や家電製品等をお土産や返礼品とする場合には，地域経済の活性化を目的とする「街おこし」とはいえないと判断できる。加えて，ふるさと納税制度は，都市部（首都圏）の自治体から地方の自治体に税財源が流出するため，都市部自治体の行政サービスに影響が出るという批判も出ている。つまり，ふるさと納税制度は，図表5-9に示すような税制上の問題点を有しているのである。

【図表5-9】ふるさと納税制度の問題点

そのため，総務省は，ふるさと納税制度の見直しを図っており，その見直しに際して「返礼品の価格が著しく高額であり，地域振興との関係が乏しい場合には所得税制における寄附金控除の対象から外す」ことを検討している。例えば，総務省は，平成29（2017）年に地方自治体に対して，良識ある対応を求める旨の通知を発し，返礼品割合の調達金額を寄附金額の30％以内に抑えるように要請している。その結果，この総務省からの要請を受けて，過度な返礼品を自主規制する地方自治体が増えたが，図表5-10に示すように，過度な返礼品を見直す意向のない地方自治体も存在する。

また，首都圏の地方自治体は，地方の自治体に流出した税財源の獲得を目的として，図表5-11に示すように新しいふるさと納税を計画している。例えば，東京都は，2020年の東京五輪の開催費用の一部を賄うことを目的として，新しいふるさと納税を計画しているのである。

なお，平成28（2016）年，地方自治体に対する民間企業からの経済支援を助

【図表5-10】過度な返礼を見直す意向のない主な自治体　　　単位：億円

地方自治体名	受け入れ額	地方自治体名	受け入れ額
大阪府泉佐野市	135.3	滋賀県近江八幡市	17.7
佐賀県みやき町	72.2	福岡県宗像市	15.6
佐賀県唐津市	43.9	岐阜県関市	14.1
静岡県小山市	27.4	大分県佐伯市	13.5
佐賀県（女喜）野市	26.7	福岡県上毛町	12.1
茨城県境町	21.6	佐賀県甚山町	10.9

(出所) 日本経済新聞 (2018年9月6日) 参照。

長することを目的として「企業版ふるさと納税」が創設されたが，この企業版ふるさと納税制度は企業のCSR (Corporate Social Responsibility) 活動を促進する可能性を有している。

【図表5-11】ふるさと納税を財源にした事業

首都圏の地自体名	事業内容
東京都	東京五輪，パラリンピックの施設整備などへの充当を検討
東京都世田谷区	路面電車「旧東急玉川線」（玉電）車両の補修費に利用
東京都北区	芥川龍之介記念館の建設費への活用を検討
東京都文京区	生活が苦しい子育て世帯に食べ物を届ける「こども宅食」の財源に
東京都江東区	がんの相談事業，障害者スポーツ振興などに活用
東京都府中市	寄付者を東京競馬場の特別観覧室に招待
千葉県船橋市	中山競馬場のG1レースに招待
神奈川県川崎市	藤子・F・不二雄ミュージアムや動物園など文化施設を充実

(出所) 日本経済新聞 (2018年8月25日) 参照。

第2節　法人税と租税競争

第1項　法人税の計算と法人税改革

(1) 法人税の計算方法

法人は，図表5-12に示すように，(i)公共法人，(ii)公益法人，(iii)人格のない社団等，(iv)協同組合等，及び(v)普通法人を課税対象とし，公益法人と人格のない社団等の収益事業からなる所得と，協同組合等と普通法人のすべての所得に対して課税される。

【図表5-12】法人の種類と課税範囲

区分	法人の種類	課税範囲
公共法人	地方公共団体・日本放送協会　等	納税義務は生じない。
公益法人	学校法人・社団法人・財団法人・宗教法人 商工会議所・日本赤十字社　等	収益事業からなる所得に対して納税義務が生じる。
人格のない社団等	PTA・同窓会・学会	
協同組合等	農業協同組合・漁業協同組合・信用金庫　他	すべての所得に対して納税義務が生じる。
普通法人	株式会社・合名会社・合資会社・合同会社　等	

法人税は，財務諸表の利益にもとづいて，これに法人税の規定を加味して課税所得を算定する。つまり，法人税は，損益計算書で算出した当期利益に「益金算入項目」及び「損金不算入項目」を加算し，そして，「益金不算入項目」及び「損金算入項目」を減算することにより所得金額を算定する。そして，法人税は，損益計算書を基にして「法人税申告書別表四」を用いて法人税額を算定する。益金とは，「①資産の販売に係る収益の額，②有償又は無償による資産の譲渡に係る収益の額，③有償又は無償による役務の提供に係る収益の額，④無償による資産の譲受けに係る収益の額，⑤その他の取引で資本等取引以外のものに係る収益の額のこと」であり，損金とは，「①当該事業年度の収益に係る原価の額，②当該事業年度の販売費，一般管理費その他の費用の額，③当該事業年度の損失の額で資本等取引以外の取引に係るもののこと」である。

また，法人税は，次の①から④の手順により計算する。

① 当期の所得金額×法人税率＝納付税額（A）
② （特定同族会社の課税留保金額又は，土地譲渡利益金額又は，使途秘匿金額）×特別税率＝納付税額（B）
③ （A）＋（B）－（所得税額控除・外国税額控除額・仮装経理の過大申告の更正に伴う控除額）＝法人税額（C）
④ （C）－中間納付額＝法人税納付額

● **企業利益と課税所得**

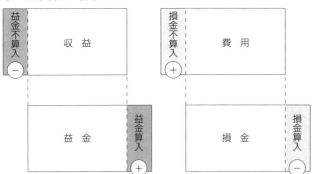

● **法人税計算上の損益計算書と法人税申告書別表四の関係**

損益計算書		法人税申告書別表四
経常損益の部		当期利益
営業損益の部		加算
売上高	×××	益金算入項目（収益ではないが益金となるもの）
売上原価	△×××	・法人税額から控除する子会社外国税額の益金参入
売上総利益	×××	損金不算入項目（費用ではあるが損金とはならないもの）
販管費	△×××	・過大な役員報酬の損金不算入
営業利益	×××	・役員賞与等の損金不算入
営業外損益の部		・交際費等の損金不算入
営業外収益	×××	・寄付金の損金不算入
営業外費用	△×××	・法人税額等の損金不算入
経常利益	×××	
特別損益の部		減算
特別利益	×××	益金不算入項目（収益ではあるが益金とはならないもの）
特別損失	△×××	・受取配当金等の益金不算入
税引前当期利益	×××	・法人税等の還付金
法人税及び住民税	△×××	損金算入項目（費用ではないが損金となるもの）
当期利益	×××	・繰越欠損金の損金算入
前期繰越利益	△×××	
当期未処分利益	×××	所得金額

● 法人税の中間申告と確定申告

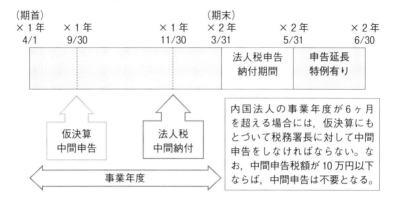

(2) 法人税率の国際比較

租税競争とは，国際的競争力を高めることを目的として国内の資本強化を図るか，又は，外国資本の積極的な誘致を目的として海外からの直接投資の増進を図ることにより国内の法人税負担を国際的な水準よりも緩和させることであり，例えば，アジア諸国の法人税率は，図表5-13に示すように低率である。

【図表5-13】アジア諸国の法人税率

国名	標準税率	内容
タイ	30.0%	パートナーシップは，一定の要件を充たせば，23％又は20％である。
フィリピン	30.0%	教育機関及び病院等の特殊な事業では，軽減税率が採用されている。
インド	30.0%	
インドネシア	25.0%	2010年以降，17.0％である。
ベトナム	25.0%	優先業種の税率は，一定の要件を充たせば，20％又は10％となる。
マレーシア	25.0%	2009年度以降，25.5％である。
韓国	22.0%	2億ウォン超200億ウォン以下20.0％であり，2億ウォン以下10.0％である。

シンガポール	17.0%	2010年以降，17.0%である。
台湾（中国）	17.0%	120,001元以上は17.0%であり，120,000元以下は免税である。
香港（中国）	16.5%	

（出所）税理士法人トーマツ編著，『アジア諸国の税法《第8版》』（中央経済社，2015年）を基に作成。

　一方，日本も法人税における減税という国際的な潮流に乗って法人税率の引き下げを図っている。例えば，平成5（1993），税制調査会は，「今後の税負担については，主要な諸外国の法人税の動向を鑑みながら，法人税収の増加のため課税ベースを拡大しながらも，法人税率の引き下げをはかるという基本的路線に従って検討するべきである」と提言し，日本の法人税は，図表5-14に示すように減少傾向を示している。

【図表5-14】日本の法人税率の推移

年	基本税率	中小法人の軽減税率《本則》
昭和56（1981）年	42.0%	30.0%
昭和59（1984）年	43.3%	31.0%
昭和62（1987）年	42.0%	30.0%
平成元（1989）年	40.0%	29.0%
平成2（1990）年	37.5%	28.0%
平成10（1998）年	34.5%	25.0%
平成11（1999）年	30.0%	22.0%
平成24（2012）年	25.5%	19.0%
平成27（2015）年	23.9%	

（注）中小法人の軽減税率の特例（年800万円以下）については，平成21（2009）年4月1日から平成24（2012）年3月31日の間に終了する各事業年度は18%であり，平成24（2012年）4月1日から平成29（2017）年3月31日の間に開始する各事業年度は15%である。
（出所）財務省ホームページ「法人税率の推移」参照。

●法人税の税率

(平成31年分以降の元号の表示につきましては，便宜上，平成を使用するとともに西暦を併記しております。)
法人税の税率は，次表の法人の区分に応じ，それぞれ次表のとおりとされています。

日本の法人税率	適用関係 平28.4.1以後 開始事業年度	適用関係 平30.4.1以後 開始事業年度
中小法人（注1），一般社団法人等（注2），公益法人等とみなされているもの（注3）又は人格のない社団等 年800万円以下の部分	19%（15%）	19%（15%）
中小法人（注1），一般社団法人等（注2），公益法人等とみなされているもの（注3）又は人格のない社団等 年800万円超の部分	23.4%	23.2%
中小法人以外の普通法人	23.4%	23.2%
公益法人等（注4） 年800万円以下の部分	19%（15%）	19%（15%）
公益法人等（注4） 年800万円超の部分	19%	19%
協同組合等（注5）又は特定の医療法人（注6） 年800万円以下の部分	19%（15%） ＊20%（16%）	19%（15%） ＊20%（16%）
協同組合等（注5）又は特定の医療法人（注6） 年800万円超の部分	19% ＊20%	19% ＊20%
協同組合等（注5）又は特定の医療法人（注6） 特定の協同組合等（注7）の年10億円超の部分	22%	22%

※ 表中の括弧書の税率は，平成31年（2019年）3月31日までの間に開始する事業年度について適用されます。
また，表中の＊の税率は，協同組合等又は特定の医療法人である連結親法人について適用されます。
(注1) 中小法人とは，普通法人のうち各事業年度終了の時において資本金の額若しくは出資金の額が1億円以下であるもの又は資本若しくは出資を有しないものをいいます。ただし，各事業年度終了の時において次の法人に該当するものについては中小法人から除かれます。
　　イ　保険業法に規定する相互会社（同法第2条第10項に規定する外国相互会社を含み，ロ（ロ）において「相互会社等」といいます。）
　　ロ　大法人（次に掲げる法人をいい，以下ハまでにおいて同じです。）との間にその大法人による完全支配関係がある普通法人
　　　（イ）資本金の額又は出資金の額が5億円以上である法人
　　　（ロ）相互会社等
　　　（ハ）法第4条の7に規定する受託法人（ヘにおいて「受託法人」といいます。）
　　ハ　普通法人との間に完全支配関係がある全ての大法人が有する株式及び出資の全部をその全ての大法人のうちいずれか一の法人が有するものとみなした場合においてそのいずれか一の法人とその普通法人との間にそのいずれか一の法人による完全支配関係があることとなるときのその普通法人
　　ニ　投資法人
　　ホ　特定目的会社
　　ヘ　受託法人
(注2) 一般社団法人等とは，法別表第二に掲げる非営利型法人である一般社団法人及び一般財団法人並びに公益社団法人及び公益財団法人をいいます。
(注3) 公益法人等とみなされているものとは，認可地縁団体，管理組合法人及び団地管理組合法人，法人である政党等，防災街区整備事業組合，特定非営利活動法人並びにマンション建替組合及びマンション敷地売却組合をいいます。
(注4) 公益法人等とは，法別表第二に掲げる法人（一般社団法人等を除きます。）をいい，公益法人等とみなされているものは含みません。
(注5) 協同組合等とは，法別表第三に掲げる法人をいいます。
(注6) 特定の医療法人とは，措法第67条の2第1項に規定する承認を受けた医療法人をいいます。
(注7) 特定の協同組合等とは，その事業年度における物品供給事業のうち店舗において行われるものに係る収入金額が1,000億円にその事業年度の月数を乗じてこれを12で除して計算した金額以上であるなど，一定の要件を満たす協同組合等をいいます。
(法法66，81の12，143，措法42の3の2，67の2，68，68の8，68の100，68の108，平28改正法附則21，26，27，29)
(出所) 国税庁ホームページ（https://www.nta.go.jp/taxes/shiraberu/taxanswer/hojin/houjin/5759.htm）

(3) 連結納税制度の導入

連結納税制度は，アメリカ，イギリス，ドイツ，及びフランス等の欧米諸国で採用されている納税方式であるが，日本においても企業組織の再編と多国籍企業の登場に対応するため，平成14 (2002) 年度税制改正で連結納税制度が整備された。例えば，平成14年度税制改正大綱（抄）は，連結納税制度の基本的な考え方について，「近年，わが国企業を取り巻く経営環境は大きく変化し，これに対応して独占禁止法，商法の改正が行われ，法人税制においても累次にわたる税負担の軽減と企業組織再編税制の整備等を積極的に行い，企業活力の向上と経営のしやすい組織の再編，統合を行うことができる環境作りを進めてきた。こうした中，企業の国債競争力を維持，強化し，持株会社を中心とした企業合併や分割による機動的な組織再編を促していくために不可欠な手段として，連結納税制度の導入は積年の課題であった。さらに，連結納税制度の導入は，企業の一体的経営が進んでいる経済実態に対応する税制を構築するもので

【図表5-15】連結納税制度の適用対象と連結申告の状況

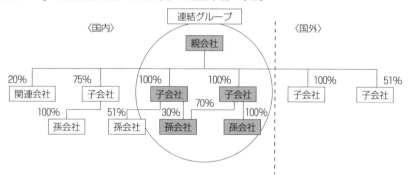

	平成19年	平成20年	平成21年	平成22年	平成23年	平成24年	平成25年
申告件数	703件	774件	841件	904件	1,109件	1,275件	1,425件
黒字申告割合	44.1%	34.1%台	32.1%	32.7%	35.2%	50.0%	57.5%
申告所得金額	70,727億円	21,883億円	22,669億円	23,986億円	30,375億円	52,101億円	85,731億円

(出所) 国税庁「連結納税制度の概要」，「法人税等の申告（課税）実績の概要」，及び総務省「連結納税制度と地方法人課税」参照。(https://www.nta.go.jp/about/council/sinsabunkakai/021015/shiryo/03.htm)

あり，一連の法人税改革の集大成でもある。わが国財政は極めて厳しい状況に置かれているが，企業の円滑な再編を促し，国際的な競争力の強化を図るため，租税回避の防止にも配慮しつつ，国際的に遜色のない本格的な連結納税制度を平成14年度に創設する」と説明する（平成13年12月14日・自民主由党）。

また，連結納税制度は，法人単体を課税対象とするのではなく，企業グループを課税対象として認識し，親会社が系列化の子会社の納税額と合算して申告及び納付する。

近年，連結納税制度は，図表5-15に示すように導入する企業が増加し，親会社と親会社の100％支配の連結子会社（但し，外国法人は除く）の各事業年度の連結所得を合算して法人税の納税額（税率30％）を算定する。

すなわち，連結納税制度は，図表5-16に示すように，繰越欠損金の早期解消を図ると共に法人税の軽減を図ることにより国際競争力の高い企業経営を実現することができるが，逆に，連結納税制度を導入したならば，事業負担が増大するだけでなく適用をやめることができず，連結子法人の欠損金が切り捨てになり連結子法人の含み益に対して課税されることになる。

また，平成29（2017）年度税制改正では，連結子法人の資産の時価評価に伴い評価益に対して課税していたが，帳簿価額が1,000万円未満の資産を時価評価対象資産から除外することになった。加えて，自己創設のれん（ブランド等の超過収益力）については資産評価の点で客観性が乏しいため，時価評価対象資産から除外されることになった。

【図表5-16】連結納税制度のメリットとデメリット

```
          連結納税制度のメリットとデメリット
           ┌──────────┴──────────┐
        メリット                  デメリット
・国際競争力の高い企業経営を実現できる。  ・適用をやめることができない。
・法人税の軽減を図れる。              ・事業負担が増大する。
・繰越欠損金の早期解消を図れる。  他    ・連結子法人の含み益に対して課税される。他
```

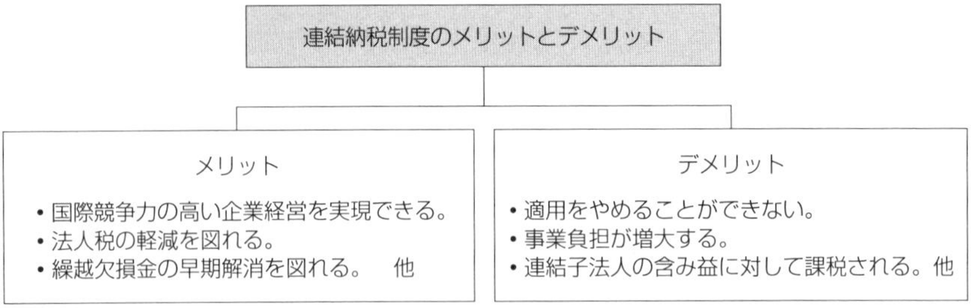

第2項　法人税等を巡る問題点

(1) 欠損金繰越控除制度の検証

　法人税法は，課税年度独立の原則に基づき課税所得を算定する。しかしながら，法人税は，「別段の定め」を設けてある事業年度に生じた欠損金を翌事業年度以降に繰り越すことを容認している。つまり，別段の定めは，法人の税負担が重くなりすぎ健全な企業経営の発展を脅かす恐れを防ぐことを目的としているのである。

　また，欠損金繰越控除制度は，平成27（2015）年度税制改正において，図表5-17に示すように青色申告書を提出した事業年度の欠損金の繰越控除制度，青色申告書を提出しなかった事業年度の災害による損失金の繰越控除制度，及び連結欠損金の繰越控除制度における控除限度額の段階的な引下げ措置について改正が検討されたのである。

【図表5-17】欠損金繰越控除制度の改正

平成27年度税制改正後		改正案	
事業年度開始日	控除限度割合	事業年度開始日	控除限度割合
平成27年4月～ 平成29年3月	100分の65	平成27年4月～ 平成28年3月	100分の65
		平成28年4月～ 平成29年3月	100分の60
平成29年4月～	100分の50	平成29年4月～ 平成30年3月	100分の55
		平成30年4月～	100分の50

（出所）財務省「平成28年度税制改正の大綱」参照。

　しかしながら，日本における「欠損金繰越控除」の繰越期間は，図表5-18に示すように，英国，アイルランド，ベルギー，ルクセンブルク，スウェーデン，デンマーク，ノルウェー，オーストラリア，ニュージーランド，及びシンガポール等において無制限に設定され，米国及びカナダが20年であるのに対して極めて短期間に設定されている。そのため，日本も将来的に，欠損金繰越控除の繰越期間の拡大を検討するべきである。なぜならば，欠損金繰越控除の繰越期間の延長は，企業経営の発展を促進する可能性を秘めているからである。

【図表5-18】欠損金繰越控除制度の国際比較

国名	繰越期間
英国	無期限
アイルランド	無期限
ベルギー	無期限
ルクセンブルク	無期限
スウェーデン	無期限
デンマーク	無期限
ノルウェー	無期限
オーストラリア	無期限
ニュージーランド	無期限
シンガポール	無期限
ドイツ	無期限　（但し，100万ユーロ超の所得は6割まで）
フランス	無期限　（但し，100万ユーロ超の所得は5割まで）
イタリア	無期限　（但し，100万ユーロ超の所得は8割まで）
米国	20年
カナダ	20年
スペイン	18年　（但し，2015年までの移行期間は制限あり）
ポルトガル	12年　（所得の7割まで）
日本	10年
韓国	10年
台湾	10年
スイス	7年
中国	5年

（出所）みずほ総合研究所編,「法人税改革の評価と今後の課題」(2015年)及び財務省資料を基に作成。

(2) 内部留保金課税制度の検証

内部留保金課税とは，法人（企業）に留保した金額に対する課税のことであるが，具体的には，内部留保額は，貸借対照表上の純資産の部に「利益剰余金」として計上される。

つまり，内部留保額とは，当期純利益を基にして，株主配当等を算出した後の残額を法人内部に蓄積したフローの利益のことである。そのため，法人の内部留保について論じる場合には，利益剰余金の累積額の大きさが指摘されているのである。

現在，赤字財政を立て直すための方策の一つとして内部留保課税について検討され始めている。なぜならば，既に中小企業を対象にした特定同族会社に対する内部留保金課税制度（法人税法第67条）が存在しており，この考え方を大企業に対しても応用するべきであると考えられるからである。特定同族会社に対する留保金課税制度とは，特定同族会社（資本金の額又は出資金の額が１億円以下であるものにあっては，大法人による完全支配関係がある普通法人又は完全支配関係がある複数の大法人に発行済株式等の全部を保有される普通法人限る。）が一定の限度を超えて，その所得を社内留保した場合にはその留保所得に対して法人税を課税する制度のことである。

勿論，法人（企業）の内部留保金については，批判的見解もある。なぜならば，法人（企業）が事業活動により獲得した利益の残額は，法人（企業）が株主に支払うべき配当を法人（企業）内部に留保した際に生じる所得に対する課税の延滞行為と考えられるからである。

しかしながら，経済団体は，否定論に対して「内部留保の性質について，内部留保額の大部分が設備投資及び新規事業に再投資されており，必ずしも過剰蓄積されているとはいえず，それどころか内部留保金課税は，大企業の健全な発展と再投資を妨げることになり，逆に日本経済を失速させることになる可能性も有することになる」と説明する。

(3) 宗教法人等が営む収益事業の検証

法人税法上，宗教法人を営む公益法人に対しては，収益事業からの所得のみが課税対象となるが，平成20（2008）年９月12日に最高裁で判示された「慈妙院ペット葬祭業」を対象とする判例「法人税額決定処分等取消請求事件」を事例（最判平成20年９月12日民集228号617頁）に挙げて検証する。

本件では，宗教法人の慈妙院（原告）がペット葬祭用の施設（火葬場，墓地，納骨堂等）を境内に設けて，ペット葬祭事業（葬儀，火葬，埋葬，納骨等）を行ったことに対して，課税庁は，原告に対してペット葬祭事業が法人税法2条13号及び同法施行令5条1項各号所定の収益事業に該当するとして，法人税の決定処分及び無申告加算税賦課決定処分を課した。そのため，宗教法人の慈妙院（原告）は，「ペット葬祭業も宗教的行為であり収益事業に該当しない」として，平成18（2006）年3月7日の控訴審判決（名古屋高等裁判所）及び平成20（2008）年9月12日の上告審判決（最高裁判所）を受けて最高裁に提訴したのである。

　つまり，本件では，宗教法人のペット葬祭業における収益事業の該当性について争われたが，判決では「ペットの葬祭」を「人の葬祭」と同一のものとみなすことができないと判示された。なぜならば，ペット葬祭における謝礼は予め価格が設定されており，あくまでも任意を前提とする人のお布施とは明らかに異なる性質のものだからである。そして，ペット葬祭で行われている遺骨の処理，法要，塔婆や骨壺の販売は，倉庫業や物品販売業等に該当することになり，公益法人であったとしても収益事業に該当すると判じられている。

　また，ペット葬祭業の収益事業以外の収益事業に該当するか否かの具体的な判定としては，次のものが挙げられる。例えば，「平成30年版　宗教法人の税務」は，①お守り・おみくじ等の販売（実質的な喜捨金と認められるような場合のその物品の頒布は収益事業に該当しないが，一般に物品販売業者においても販売されているような性質の物品を通常の販売価格で販売する場合は収益事業《物品販売業》に該当する），②墳墓地の貸付け（宗教法人が行う墳墓地の貸付けは収益事業に該当しない），③境内地等の席貸し（宗教法人の境内地や本堂，講堂等の施設を不特定又は多数の者の娯楽，遊興又は慰安の用に供するための席貸しは全て収益事業《席貸業》に該当する），④宿泊施設の経営（宗教法人が所有する宿泊施設に信者や参詣人を宿泊させて宿泊料を受ける行為は，その宿泊料をいかなる名目で受けるときであっても収益事業《宿泊業》に該当するが，宗教活動に関連して利用される簡易な共同宿泊施設で，その宿泊料の額が全ての利用者につき1泊1,000円《食事を提供するものについては，2食付きで1,500円》》以下となっているものの経営は収益事業に該当しない），⑤所蔵品等の展示（宗教法人がその所蔵している物品又は保管の委託を受けたものを常

設の宝物館等において観覧させる行為は収益事業に該当しない），⑥茶道・生花等の教授（宗教法人が茶道教室，生花教室等を開設し，茶道，生花等特定の技芸を教授する事業は収益事業《技芸教授業》に該当する），⑦駐車場の経営（宗教法人が境内の一部を時間極め等で不特定又は多数の者に随時駐車させるもののほか，月極め等で相当期間にわたり継続して同一人に駐車場所を提供する事業は収益事業《駐車場業》に該当する），⑧結婚式場の経営（宗教法人が神前結婚，仏前結婚等の挙式を行う行為で本来の宗教活動の一部と認められるものは収益事業に該当しないが，挙式後の披露宴における宴会場の席貸し，飲食物の提供，衣装等の物品の貸付け，記念写真の撮影又はこれらの行為のあっせん等は収益事業に該当する）と説明する。

なお，法人税法における収益事業とは，次に掲げる34種類の事業のことであり，継続して事業場を設けているものをいう。

① 物品販売業
② 不動産販売業
③ 金銭貸付業
④ 物品貸付業
⑤ 不動産貸付業
⑥ 製造業
⑦ 通信業，放送業
⑧ 運送業，運送取扱業
⑨ 倉庫業
⑩ 請負業（事務処理の委託を受ける業を含む）
⑪ 印刷業
⑫ 出版業
⑬ 写真業
⑭ 席貸業
⑮ 旅館業
⑯ 料理店業その他の飲食店業
⑰ 周旋業
⑱ 代理業
⑲ 仲立業

⑳　問屋業
㉑　鉱業
㉒　土石採取業
㉓　浴場業
㉔　理容業
㉕　美容業
㉖　興行業
㉗　遊技所業
㉘　遊覧所業
㉙　医療保健業
㉚　技芸の教授業
㉛　駐車場業
㉜　信用保証業
㉝　無体財産権の提供等業
㉞　労働者派遣業

(4) 法人事業税（外形標準課税）の検証

　平成28（2016）年度税制改正では，法人事業税の「外形標準課税」の拡大が行われると共に，図表5-19に示すように所得割の税率の引き下げが行われた。
　つまり，法人事業税の外形標準課税は，法人の利潤に対する課税を目的とするものではなく法人の付加価値を課税対象とするため，利潤の高い法人の税額が減少すると共に，欠損会社を含む利潤の低い法人の税額が増加することになる。
　また，外形標準課税の意義は，(ⅰ)地方分権を支える安定的な地方財源の確保（税収安定化論），(ⅱ)応益課税としての税の性格の明確化（応益課税論），(ⅲ)税負担の公平性の確保（公平負担論），(ⅳ)経済の活性化・経済構造改革の促進（活性化論）の4点から説明される。
　一方，外形標準課税の問題点としては，(ⅰ)外形標準課税が法人税の課税ベースの拡大策として認識されており地方税の視点が欠けていること，(ⅱ)中小企業が外形標準課税の対象から外れていること，(ⅲ)外形標準課税拡大の雇用への過度な配慮から生じる課税ベースの毀損の可能性があることが挙げられる。
　現在，日本企業において，欠損会社が多数存在しており，そのため，国家財

源の補塡の視点からも欠損会社を課税対象とする外形標準課税の存在意義は高い。しかし，日本企業になかには，外形標準課税の租税回避を目的として「減資」を行う企業も登場しており，課税標準を「資本金」のみとする現行の外形標準課税の基準を変更することも検討するべきである。

【図表5-19】法人事業税（外形標準課税）の税率

		現行 平成27年度	改正案 平成28年度〜
付加価値割		0.72%	1.2%
資本割		0.3%	0.5%
所得割	年400万以下の所得	3.1% (1.6%)	1.9% (0.3%)
	年400万円超800万円以下の所得	4.6% (2.3%)	2.7% (0.5%)
	年800万円超の所得	6.0% (3.1%)	3.6% (0.7%)

（出所）財務省「平成28年度税制改正の大綱」参照。

第6章　現行の資産課税の構造と論点

第1節　相続税と租税回避

第1項　相続税の計算と新たな租税競争

(1) 相続税及び贈与税の主旨

　日本の財産課税は，図表6-1に示すように，相続税と贈与税により形成されている。例えば，相続税は，相続人が被相続人（死亡した人）から財産を相続又は遺贈により取得した場合に課される税金のことであり，(i)富の再分配機能と(ii)所得税の補完機能を有しており，不労所得に対して課される税金のことである。そして，贈与税は，個人間の贈与に伴う財産の移転に対して課される税金のことであり，(iii)生前贈与による相続税逃れを防ぐことを目的とした相続税の補完機能を有する税金である。

【図表6-1】相続税と贈与税の機能

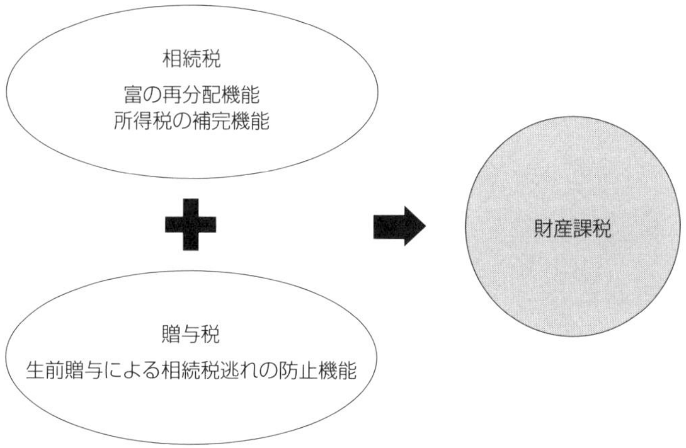

相続税
富の再分配機能
所得税の補完機能

＋

贈与税
生前贈与による相続税逃れの防止機能

→　財産課税

(2) 相続税の計算方法

被相続人から財産を相続した相続人は，図表6-2に示すように，(ⅰ)単純承認，(ⅱ)限定承認，(ⅲ)放棄のいずれかを選択しなければならない。

【図表6-2】相続人の選択方法

区分	内容	要件・期限
単純承認	被相続人の財産を資産及び負債にかかわらず全て承継する。	被相続人が，相続の開始があったことを知った日から3か月以内に，限定承認や放棄を行わない場合には，単純承認したことを認めたとされる。
限定承認	被相続人の財産のうち，資産の範囲内で負債を承継する。	被相続人が全員で，相続の開始があったことを知った日から3か月以内に，家庭裁判所に申し出る必要がある。
放棄	被相続人の財産は，資産も負債も全て承継しない。	放棄を望む被相続人が，相続の開始があったことを知った日から3か月以内に，家庭裁判所に申し出る必要がある。

人の死亡	3ヵ月以内	4ヵ月以内	10ヵ月以内
	相続放棄・限定承認の選択	準確定申告	相続税の納付

また，相続は，図表6-3に示すように，「指定分割（遺言）」と「協議分割（法定相続分）」を前提とするが，相続においては指定分割が優先される。そのため，相続は，遺言に基づいて行われるが，図表6-4に示すような「遺言」が存在しない場合には，家庭裁判所の調停や審判を経て図表6-5に示すように，第1順位から第3順位までの法定相続分で分割されることになる。但し，遺言書の存在により，法定相続人の生活が成り立たないような不利益が生じる場合には，遺留分権利者が，相続の開始及び遺留分の侵害を知った日から1年（相続の開始を知らなかったときには10年）以内に，遺留分減殺請求の手続きをすれば「遺留分」として遺産の一部を取り戻すことができる。

【図表6-3】 指定分割と協議分割

分割方法	内容
現物分割	相続人の遺産を換金することなく現物で分割する方法のことである。
換価分割	相続人の遺産の一部又は全部を換金して，現金で分割する方法のことである。
代償分割	被相続人が相続人の事業や自宅を承継する場合，相続人の遺産を現物で承継して，他の被相続人に対して自己の財産や現金で支払う方法のことである。

【図表6-4】 遺言の種類

種類	内容	証人	検認
自筆証書遺言	遺言者が，遺言の内容（全文・氏名・日付）を自書して押印してある遺言書のことである。	不要	必要
公正証書遺言	遺言者が口述し，公証人が筆記してある遺言書のことである。	2人以上	不要
秘密証書遺言	遺言者が遺言書に記名・押印して封印してある遺言書のことである。	2人以上	必要

【図表6-5】 相続税の法定相続分

法定順位	法定相続人と法定相続分	
第1順位	配偶者（2分の1）	子（2分の1）
第2順位	配偶者（3分の2）	子（3分の1）
第3順位	配偶者（4分の3）	子（4分の1）

(注1) 配偶者が存在しない場合には，各順位内で均等相続することになる。
(注2) 子には，嫡出子である実子以外の養子，非嫡出子，胎児を含み，相続人の地位を有する。
但し，養子を法定相続人にする場合には，1人（被相続人に実子がいるケース）又は2人（被相続人に実子がいないケース）までである。

また，相続税は，次の①から⑥手順により計算し納税する。

① 相続財産を評価する。

> 相続財産＝本来の相続財産（土地建物・預貯金・株式）＋みなし相続財産（生命保険金・死亡退職金）＋相続時精算課税制度による贈与財産＋相続開始前3年以内の贈与財産（生前贈与加算）－債務控除（債務・葬式費用）

（注1）墓地及び墓石，祭具，仏壇及び仏具は非課税である。
（注2）生命保険金及び死亡地職金のうちの一定額の非課税額有り。
　　　（非課税限度額＝500万円×法定相続人の数）
（注3）遺産に係る基礎控除（3,000万円＋600万円×法定相続人の数）
（注4）債務（借入金・未払い医療費・未払い税金）と葬式費用（火葬・納骨費用・通夜・告別式）は，債務控除の対象になる。

② 相続税の評価額に基づき各相続人の課税価格を算定する。
③ 課税遺産総額を算定する。
④ 相続税の総額を算定する。
⑤ 各相続人の納付税額を算定する。

> 各人の算出税額＝相続税の総額×{（各人の課税価格）÷課税価格の合計額}

（注1）被相続人の配偶者と子及び父母（1親等の血族）以外の者が，相続又は遺贈により遺産を取得した場合には，算出税額の2割加算となる。
（注2）相続税の税額控除としては，配偶者の税額控除，未成年者控除，障害者控除，贈与税額控除，相次相続控除，及び外国税額控除がある。

相続税率	税額の計算式：各取得分の金額（A）×税率
1,000万円万円以下	A×10%
3,000万円万円以下	A×15%－　　500,000円
5,000万円万円以下	A×20%－　2,000,000円
1億円以下	A×30%－　7,000,000円
2億円以下	A×40%－ 17,000,000円
3億円以下	A×45%－ 27,000,000円
6億円以下	A×50%－ 42,000,000円
6億円　超	A×55%－ 72,000,000円

税額控除	控除内容
配偶者の税額控除	配偶者が取得した遺産が,「1億6,000万円」又は「配偶者の法定相続分」のいずれか多い金額まで控除できる。
未成年者控除	相続人が未成年者の場合,(20歳－相続開始時の年齢)×10万円が控除できる。
障害者控除	相続人が障害者の場合,(85歳－相続開始時の年齢)×10万円が控除できる。
贈与税額控除	相続開始時3年以内に生前贈与を受けた者が贈与税を支払った場合,贈与税額を控除できる。
相次相続控除	10年以内に再度の相続が発生した場合,税額を控除できる。
外国税額控除	海外で相続税を支払った場合,国内で相続税を支払う際に二重課税の排除のため海外で支払った税額を控除できる。

⑥ 相続税は,金銭一括納税を原則とするが,金銭一括納付が難しい場合には,延納及び物納も容認されている。但し,延納する場合には,納付すべき金額が10万円を超えており,申告期限までに延納申請書を提出することが求められる。

物納順位	国内財産
第1順位	国債,地方債,不動産,船舶,上場されている株式,社債等
第2順位	上場されていない株式,社債,証券投資信託の受益証券等
第3順位	動産

(3) 贈与税の計算方法

贈与の形態は,図表6-6に示すように,(ⅰ)通常贈与,(ⅱ)定期贈与,(ⅲ)負担付贈与,(ⅳ)死因贈与に区分されるが,生存している個人(贈与者)から暦年(1月1日から12月31日まで)に財産を取得した者(受贈者)は,基礎控除(110万円)を差し引いた贈与財産に課税算定した贈与税額を納税しなければならない。

【図表6-6】贈与の形態

形態区分	内容
通常贈与	書面による贈与契約に基づく贈与のことである（口頭による贈与契約も認められているが，書面による贈与契約とは異なり当事者がいつでも撤回できる）。
定期贈与	一定額の金額等を定期的に提供する贈与のことである。
負担付贈与	受贈者が一定の義務を前提として財産の提供を受ける贈与のことである。
死因贈与	贈与者の死亡という事実に基づいて財産の提供が実現する贈与のことである。

また，贈与税は，次の①から③手順により計算し納税する。

① 贈与財産を評価する。

> 贈与財産＝本来の贈与財産（土地建物・預貯金・株式）＋みなし贈与財産
> （生命保険金等・低額譲受・債務免除）－贈与税の基礎控除（110万円）

(注1) 生命保険金等は，保険料の負担者以外が受け取った保険金である。但し，相続税のような非課税枠は存在しない。
(注2) 低額譲受は，譲り受けた財産が時価と比べて著しく低額であった場合の差額のことである。
(注3) 債務免除は，借入金の免除を受けた場合の免除額のことである。
(注4) 扶養義務者から贈られた生活費及び教育費のうち通常必要と認められる金額，社会通念において必要と認められる金額（祝い金・香典等），法人から贈与された金額等は，贈与税の非課税財産となる。

② 贈与税の納付税額を算定する。
(注1) 贈与税の算定において，婚姻期間が20年以上の配偶者から居住用不動産又は居住用不動産を購入するための金銭を贈与された場合，基礎控除（110万円）とは別に贈与税の配偶者控除（2,000万円まで）を受けることができる。
(注2) 他に，贈与税の特例としては，「相続時精算課税制度」，「直系尊属から住宅取得等資金の贈与を受けた場合の非課税制度」，「教育資金の一括贈与に係る贈与税の非課税措置」等もある。

相続税率（一般贈与財産）	税額の計算式：基礎控除後の課税価格（A）×税率
200万円万円以下	A×10%
200万円超　300万円万円以下	A×15％－　100,000円
300万円超　400万円万円以下	A×20％－　250,000円
400万円超　600万円万円以下	A×30％－　650,000円
600万円超 1,000万円万円以下	A×40％－　1,250,000円
1,000万円超 1,500万円万円以下	A×45％－　1,750,000円
1,500万円超 3,000万円万円以下	A×50％－　2,500,000円
3,000万円超	A×55％－　4,000,000円

特例税率（特例贈与財産）	税額の計算式：基礎控除後の課税価格（A）×税率
200万円万円以下	A×10%
200万円超　400万円万円以下	A×15％－　100,000円
400万円超　600万円万円以下	A×20％－　300,000円
600万円超 1,000万円万円以下	A×30％－　900,000円
1,000万円超 1,500万円万円以下	A×40％－　1,900,000円
1,500万円超 3,000万円万円以下	A×45％－　2,650,000円
3,000万円超 4,500万円万円以下	A×50％－　4,150,000円
4,500万円超	A×55％－　6,400,000円

（注6）20歳以上の受贈者が，直系尊属から財産を取得した場合に特例税率を用いることができる。

③　贈与税は，金銭一括納税を原則とするが，金銭一括納付が難しい場合には，延納も容認されている。但し，延納する場合には，納付すべき金額が10万円を超えており，申告期限までに延納申請書を提出することが求められる。

[補足資料] 相続税の計算

(1) 課税遺産総額の計算

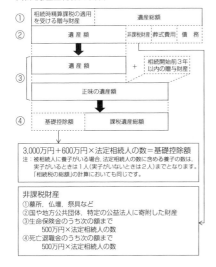

(2) 相続税の計算例

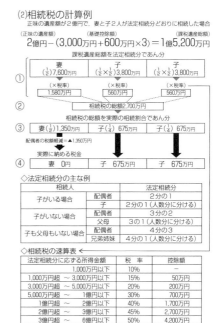

(出所) 国税庁パンフレット「暮らしの税情報(財産を相続したとき)」参照。

第2項 相続税を巡る問題点

(1) 法定相続分課税方式の検証

　明治38 (1905) 年，家制度を前提として「家督相続」を重視し親疎の別に応じた税率を採用した相続税が創設された。創設当初，相続税は「遺産税方式」を採用していたが，昭和22 (1947) 年には家督相続を廃止して相続税及び贈与税の見直しを行い，申告納税制度を導入すると共に，累積課税方式の贈与税が採用され，その後，昭和25 (1950) 年に，シャウプ勧告に基づく「遺産取得課税方式」に変更されたのである。

　現在，日本の相続税は，法定相続分課税方式を前提として相続又は遺贈により取得した財産の課税価格に基づいて計算する。

　しかし，法定相続分課税方式には，図表6-7に示すように，(i)水平的公平性の問題，(ii)相続財産の事後変動に伴う加算税の問題，(iii)各種特例に伴う特例効

【図表6-7】法定相続分課税方式の問題点

果の問題等が指摘されている。まず，水平的公平性の問題とは，相続人が被相続人から取得した財産が同額のものであっても，被相続人の遺産総額によっては税負担が異なることである。仮に，法定相続人数と遺産総額が異なるものであれば，相続する財産の総額が同額であっても相続人に課せられる相続税の負担が異なることになる。次いで，相続財産の事後変動に伴う加算税の問題とは，仮に，相続税の申告後に未申告の新たな相続財産が見つかり改めて相続税の申告が必要となった場合には相続税の課税対象となる相続財産が変動することになり，新たに相続財産を取得しない相続人に対しても相続税額の負担が増大することである。そして，各種特例に伴う特例効果の問題とは，「小規模宅地等についての相続税の課税価格の計算の特例」を受けた者，又は「農地等を相続した場合の納税猶予の特例」を受けた者は，事業承継時に相続税の軽減及び猶予を受けることができるため，特例を享受できる者と特例を享受できない者との間で不公平感が生じることである。

(2) 相続税を巡る租税回避の検証

国際的な資産課税の潮流は，減税傾向を示し相続税率及び贈与税率が0％の国も多く，米国も相続税の税率を0％にすることを公表しているのに対して，日本の相続税税率は，図表6-8に示すように，主要国の相続税率と比較すると高率に設定されている。

また，租税競争とは，国際的競争力を高めることを目的として国内の資本強化を図るか，又は，外国資本の積極的な誘致を目的として海外からの直接投資の増進を図ることにより国内の法人税負担を国際的な水準よりも緩和させることであるが，行き過ぎた租税競争は，法人税法ばかりでなく，資産課税の領域においても「租税回避問題」を生じさせている。例えば，経営者及び富裕層の

【図表6-8】諸外国の相続税率及び基礎控除等〔2015年1月現在〕

区分	アメリカ	イギリス	ドイツ	フランス	日本
課税方式	遺産税方式	遺産税方式	遺産取得税方式	遺産取得税方式	法定相続分課税方式
最高税率	40%	40%	30%	45%	55%
最低税率	18%		7%	5%	10%
基礎控除等	有り ※配偶者：免税	有り ※配偶者：免税	有り ※配偶者：利益調整分非課税	有り ※配偶者：免税	有り ※配偶者：税額控除

（出所）髙沢修一著,『ファミリービジネスの承継と税務』(森山書店, 2016年) 10ページ。

　なかには，相続税及び贈与税の納税額減少をはかることを目的として，図表6-9に示すような相続税の租税回避地（相続税率及び贈与税率が0％の国）へ資産移転を図る者も出現しているのである。

　つまり，タックス・ヘイブン（Tax Haven）を活用した相続税を巡る租税回避行為は，世界的規模で広がりをみせ行き過ぎた租税回避行為が批判されている。そのため，OECD（Organisation for Economic Co-operation and Development）は，行き過ぎた租税回避行為の取り締まりを検討しているが，日本の国税庁も国外金融資産の把握を目的として，図表6-10に示すように，「情報申告制度」，「質問検査権」，及び「情報交換制度」を実施している。まず，情報申告制度と

【図表6-9】相続税の租税回避地

相続税率0％：アルゼンチン，イタリア，インドネシア，インド，オーストラリア，カナダ，コロンビア，シンガポール，スイス，スウェーデン，タイ，チェコ共和国，ベトナム，ポルトガル，マレーシア，メキシコ，香港（中国）他

贈与税率0％：アルゼンチン，オーストラリア，カナダ，シンガポール　他

（出所）Tax Relief 2001, A Summary of Selected Provisions of Economic Grouwth and Tax Relief Reconciliation Act of 2001, The National Underwriter Company, 2001. p66.

は、「金融機関に対して200万円を超える海外への送金及び受金に対する規制が設けられたこと」（平成20（2008）年度税制改正）と、「その年の12月31日時点において時価5,000万円を超える国外資産を有する個人に対して、翌年3月15日までに国外資産の種類及び金額を記載した明細書による情報報告が義務づけられたこと」（平成24（2012）年度税制改正大綱）である。次いで、質問検査権とは、「税務職員が納税者又はその取引関係者等を対象として当該者の保持する書類等の物件を検査することが認められたこと」（所得税法第234条1項3号）である。そして、情報交換制度とは、海外諸国と締結した租税条約に基づき、「国外資産が所在する租税条約の締結国から情報を取得することが認められたこと」である。

【図表6-10】国税庁の租税回避行為の取り締まり

```
        租税回避行為の取り締まり
         ┌──────┼──────┐
    情報申告制度  質問検査権  情報交換制度
```

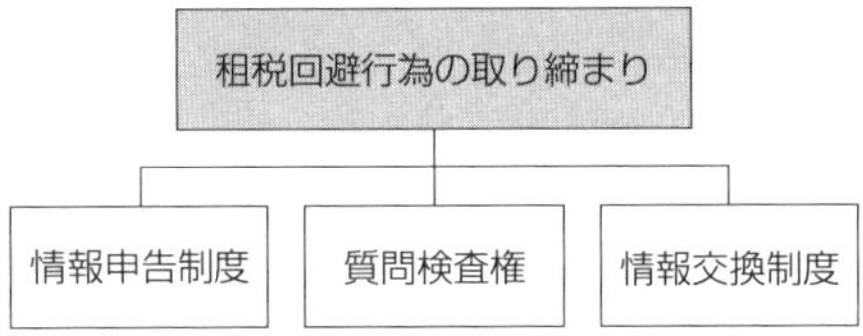

第2節　ファミリービジネスと事業承継税制

第1項　ファミリービジネスの定義

ファミリービジネスの定義は難しいが、法人税法上の「同族会社」と類似している。例えば、同族会社とは、「三人以下の株主が、当該会社の発行済株式又は出資の50％超を所有している会社」のことである。しかし、ファミリービジネスと同族会社は類似しているが同一の概念とはいえない。なぜならば、ファミリービジネスという用語が多義的であり、多種多様な企業規模と企業形態を内包しているからである。

実際に、ファミリービジネスとは「家族経営」と評されることもあるが、図表6-11に示すように家族経営と称していても、必ずしも創業家ファミリーだけで経営支配しているわけではない。つまり、ファミリービジネスとは、創業家ファミリーが独自の経営理念を有すると共に、企業経営に影響を与えるような

【図表6-11】上場企業のファミリービジネス

区分	企業数	割合	内容
専門経営者企業	1,441社	57.3%	主たる株主は,機関投資家,金融機関並びに親会社であり,経営者は限定された株式しか有していない。
ファミリー企業〔第Ⅰ類型〕	925社	36.8%	創業者又は創業家ファミリーは,最大株主であると共に経営に参画している。
ファミリー企業〔第Ⅱ類型〕	119社	4.7%	創業者又は創業家ファミリーは,個人大株主であるが経営に参画していない。
ファミリー企業〔第Ⅲ類型〕	30社	1.2%	創業者又は創業家ファミリーは,個人大株主ではないが経営に参画している。

(出所) 倉科敏材著,『ファミリー企業の経営学』(東洋経済新報社,2003年),斎藤達弘稿,「ファミリー企業であり続けるために」『大阪大学経済学』Vol. 57 No. 4(2008年) 7ページを基に作成。髙沢修一著,『ファミリービジネスの承継と税務』(森山書店,2016年) 91ページ。

一定数の株式を所有している企業形態のことである。

また,ファミリービジネスのなかには,創業100年を超える「老舗」が数多く存在しているが,老舗においては創業家ファミリーが経営権を有していない場合もあり,ファミリービジネスと老舗を同一の概念として認識することも難しい。そして,ファミリービジネスの範疇には,中小企業ばかりでなく大企業も含まれることになる。

第2項 物的承継と人的承継の検証

(1) 事業承継税制の役割と税制への批判

事業承継は,図表6-12に示すように,「物的承継」と「人的承継」を両輪とするが,前者の問題点は,相続税の評価・計算及び納税資金の確保であり,後者の問題点は,承継者の確保及び養成・教育である。

一般的に,事業承継対策について論じる場合には,物的承継問題を中心とすることが多い。実際に,通商産業省(現経済産業省)及び中小企業庁は,昭和55(1980)年に中小企業承継税制問題研究会(座長・富岡幸雄中央大学教授〈当時〉)を設立し,昭和58(1983)年度税制改正において,「取引相場のない株

【図表6-12】物的承継と人的承継

式等に係る特例」及び「小規模宅地等の相続税の課税価格の計算の特例」が設けられ、税制改正を経て事業承継税制が整備された。

　実際に、事業承継税制がファミリービジネスの経営者の円滑な事業承継に果たした役割の重要性ついては高く評価されている。なぜならば、事業承継者が承継する資産は、「自社株」及び「土地」がその多数を占めるため、「取引相場のない株式等に係る特例」と「小規模宅地等についての相続税の課税価格の計算の特例」を主軸とする事業承継税制が整備されていなければ、創業家支配の強い非上場会社（中小企業）のファミリービジネスの事業承継は極めて困難なものになったと推測できるからである。例えば、事業承継税制は、図表6-13及

【図表6-13】取引相場のない株式等に係る特例の評価方法

評価方法	コスト・アプローチ	マーケット・アプローチ	インカム・アプローチ
計算の方法	評価会社の財務情報である貸借対照表に基づきストックである純資産に着目して価額を計算する。	評価会社と業種・規模・収益等の業務内容が類似している上場会社を標本会社として比較することにより価額を計算する。	評価会社が獲得することを期待できる将来の経済的利益である収益に着目して価額を計算する。
代表的方法	純資産価額方式	類似比準価額方式	配当還元方式・収益還元方式　等
メリット・デメリット	比較性及び客観性に優れているが、評価会社の清算を前提とするため、市場性や将来予測に問題がある。	公開会社の会社情報を前提とするため信頼性が高いが、類似会社の選定において恣意性が入るという問題がある。	将来的な収益性を見積もることができるが、将来予測を前提としているため、客観性に劣るという問題がある。

（出所）髙沢修一著,『ファミリービジネスの承継と税務』（森山書店, 2016年）18-22ページ。

【図表6-14】小規模宅地等についての相続税の課税価格の計算の特例の推移

区分		昭和58年〜	昭和63年〜	平成4年〜	平成6年〜	平成11年〜	平成13年〜	平成27年〜
事業用宅地	減額割合	40%	60%	70%	80%			
	適用対象面積	200 m²				330 m²	400 m²	
不動産貸付	減額割合	40%	60%	70%	50%			
	適用対象面積	200 m²						
居住用宅地	減額割合	30%	50%	60%	80%			
	適用対象面積	200 m²					240 m²	330 m²

(出所) 国税庁ホームページ参照。

び図表6-14に示すように「取引相場のない株式等に係る特例」と「小規模宅地等についての相続税の課税価格の計算の特例」を主柱として成立している。

しかしながら，事業承継税制については，「親の遺産を何の対価も支払わずに相続する者が増えれば，裸一貫でビジネスを立ち上げる者の起業の機会を潰すことになり社会に対する不平等感を醸成することになる」との批判もある。

(2) 人的承継の課題と第二創業の可能性

創業家支配の強い非上場会社（中小企業）のファミリービジネスの事業承継では，事業の後継を担う人的資源の確保及び育成という「人的承継」も重要な経営課題として位置づけられる。例えば，創業家支配の強い非上場会社（中小企業）のファミリービジネスでは，図表6-15に示すように，全体の68.2％にあたる27万9,160社が後継者未定（未詳も含む）であり，そして，年商区分が低いほど後継者の未定率は高くなり『年商1億円未満』のオーナー企業では75.0％が後継者未定である。そのため，人的承継は，創業家支配の強い非上場会社（中小企業）のファミリービジネスにおいて重要な経営課題として認識されているのである。

また，事業承継においては，創業家一族や親族の力に依存するばかりでなく，積極的に専門経営者の活用も検討するべきである。つまり，親族以外の専門経営者を事業承継者として活用することは，創業家の家系に属していないため親族からの財産移転や事業支援を当てにすることができない立場にありながらも，豊富な事業意欲を有する者やビジネス能力の高い従業員のモチベーションを高める効果を得られる。そして，事業承継は，図表6-16に示すように，創業者に

【図表6-15】オーナー企業・後継者　後継者の有無・年商規模別

後継者の有無	件数	構成費
いる	130,032社	31.8%
いない（未詳も含む）	279,160社	68.2%
合計	409,192社	100.0%

売上高	後継者なし	後継者あり	後継者未決定率
1億円未満	111,880社	37,300社	75.0%
1～10億円未満	147,668社	77,850社	65.5%
10～50億円未満	17,282社	12,891社	57.3%
50～100億円未満	1,494社	1,247社	54.5%
100～500億円未満	774社	674社	53.5%
500～1,000億円未満	46社	44社	52.2%
1,000億円以上	14社	26社	35.0%
合計	269,160社	130,032社	68.2%

（出所）株式会社帝国データバンク本社調査部，「全国オーナー企業分析」2010年3月10日，4ページ。

よる開業を「創業」とするならば，事業承継を「第二創業」として認識することができる。なぜならば，第二創業とは，既存の事業展開から脱却すると共に，既存の経営資源を有効活用しながら，新たなビジネスに積極的に取り組むことだからである。

【図表6-16】事業承継と第二創業の関係

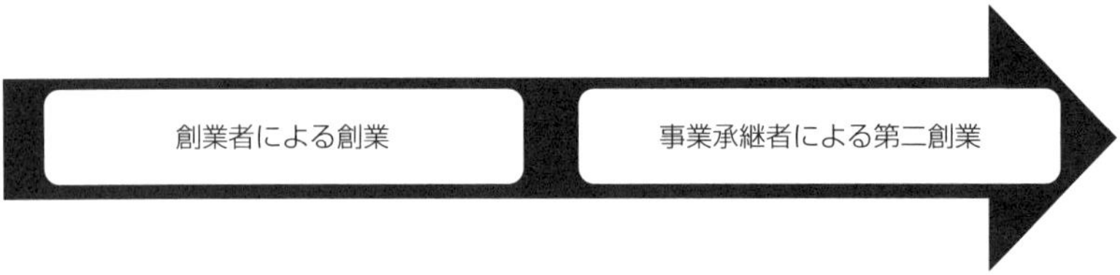

創業者による創業 → 事業承継者による第二創業

第7章　現行の消費課税の構造と論点

第1節　消費税増税の根拠と論点

第1項　消費税の計算と増税論

(1) 消費税の計算方法

　消費税は，日本国内において事業者が対価を得て行う資産の譲渡，貸付け，役務の提供，及び外国貨物の引き取りを対象として課税される。

　従来，インターネット等の電気通信回線を介して行われる国内の事業者及び消費者を対象とする電子書籍及び広告の配信等のサービスの提供については，国内の事務所等から行われるサービスのみが消費税の課税であったが，平成27（2015）年10月1日以後，国外の事務所等からの取引についても消費税が課税されることになった。

　また，消費税は，次の①又は②の方法により計算する。

　なお，平成31（2019）年4月現在，消費税の税率は8％（国税6.3％・地方消費税1.7％）である。

① 通常の消費税の計算方法

　納付税額＝売上にかかる消費税額（課税期間の課税売上高×8％）－仕入等にかかる消費税額（課税期間の課税仕入高×8％）

適用開始日		2014年4月1日	2019年10月1日
税率		8.0%	10.0%
内訳	消費税率（国税）	6.3%	7.8%
	地方消費税率	1.7%	2.2%

② 簡易課税制度の消費税の計算方法

納付税額＝売上にかかる消費税額（課税期間の課税売上高×8％）－仕入等にかかる消費税額（課税期間の課税売上高×8％×みなし仕入率）

区分	業種	みなし仕入率
第1種事業	卸売業	90%
第2種事業	小売業	80%
第3種事業	製造業等	70%
第4種事業	飲食店業	60%
第5種事業	運輸通信業，金融・保険業，サービス業（飲食店業を除く）	50%
第6種事業	不動産業	40%

(2) 改正消費税法への対応

消費税の「軽減税率制度」が，消費税率の引き上げに伴い，図表7-1に示すように低所得者への配慮を目的として平成31（2019）年10月1日から実施される。

【図表7-1】税率及び対象品目

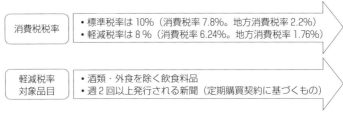

(出所）国税庁レポート2018，28ページ。

また，軽減税率制度実施後は，仕入税額控除の要件が，図表7-2に示すように，現行の「帳簿及び請求書等の保存」に代わり，平成31（2019）年10月1日から「区分記載請求書等保存方式」が導入され，平成35（2023）年10月1日から「適格請求書等保存方式（いわゆるインボイス制度）」が導入される。

【図表7-2】仕入税額控除の方式の変更スケジュール

現行方式 → 区分記載請求書等保存方式 → 適格請求書等保存方式（インボイス制度）

		～平成31(2019)年9月30日	平成31(2019)年10月1日	平成35(2023)年10月1日～
請求書等	・請求書発行者の氏名又は名称 ・取引年月日 ・取引の内容 ・取引金額 ・請求書受領者の氏名または名称 ・軽減税率の対象品目である旨 ・税率ごとに合計した税込対価の額 ・登録番号 ・税率ごとの消費税額及び適用税率	請求書等保存方式（現行の方式）	区分記載請求書等保存方式	適格請求書等保存方式
帳簿	・課税仕入れの相手方の氏名又は名称 ・取引年月日 ・取引の内容 ・取引金額 ・軽減税率の対象品目である旨	請求書等保存方式（現行の方式）	区分記載請求書等保存方式	適格請求書等保存方式

(出所) 国税庁レポート2018, 29ページ。

(3) 消費税の増税論

現在，消費税の税収額は，国税庁資料に拠れば，図表7-3に示すように17兆5,580億円（18.0%）と一般会計歳入額において第二位の位置を占めている。そのため，消費税の増税を巡っては，研究者の間で見解が分かれているのである。

【図表7-3】国の一般会計歳入額内訳（平成30年度当初予算）

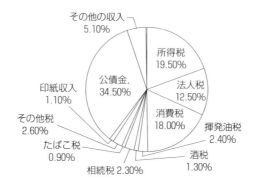

税目	税収額	割合
所得税	19兆 200億円	19.50%
法人税	12兆1,670億円	12.50%
消費税	17兆5,580億円	18.00%
揮発油税	2兆3,300億円	2.40%
酒税	1兆3,110億円	1.30%
相続税	2兆2,400億円	2.30%
たばこ税	8,740億円	0.90%
その他の税	2兆5,250億円	2.60%
印紙収入	1兆 540億円	1.10%
公債金	33兆6,922億円	34.50%
その他の収入	4兆9,416億円	5.10%

　昭和25（1950）年，「シャウプ使節団日本税制報告書」（Report on Japanese Taxation by the Shoup Mission, vol. 1〜4, 1949.）は，事業税に替わる都道府県の新たな財源として「付加価値税」を創設したが，民意を得られず廃案になった。その後，消費税は，大平正芳内閣が，昭和54（1979）年度税制改正要綱において法案化を検討し，中曽根康弘内閣における「売上税法案」の提案を経

(出所）国税庁・消費税導入ポスター・平成元（1989）年。

て，平成元（1989）年4月1日に竹下 登内閣において施行される。そして，橋本龍太郎内閣で消費税は5％に改正され，第二次安倍晋三内閣で8％に改正され，平成31（2019）年に10％に改正される予定である。

一般的に，消費税1％の上昇は，約2.5兆円の税収増加に相当すると評されるが，平成29（2017）年度当時で，経済成長の進展によるGDP（国内総生産）の増加に伴い，消費税1％の上昇は約2.8兆円の税収増加をもたらすと予測される。しかし，消費税に対しては，否定的な見解も存在する。例えば，日本共産党は，「本来，税制は負担能力に応じて負担する『応能負担』が原則であり，直接税を中心に，大企業や大資産家にその能力に応じて，適切に負担してもらうことは可能であり，そして，所得税では，大資産家ほど有利な証券税制の一律20％の課税を見直すことや，大企業に恩恵が集中している法人税の優遇制度を見直し，せめて中小企業並みに負担してもらうことで，消費税に頼らなくても財源は十分出てくる。つまり，大切なのは抜本的な税制改革実現のための，政治の転換である」と説明する。

一方，消費税の増税については，図表7-4に示すように肯定的な見解もあり，例えば，30％の消費税増税も必要であると主張する研究者も存在する。現在の赤字財政を鑑みたならば，消費税増税を検討するべき時期を迎えているのも事実であるが，消費税増税は経済成長を妨げ，税収の減少に繋がる可能性も否定できないため，更なる消費税の増税については論議を尽くすべきであるという

見解にも肯ける。

【図表7-4】消費税増税論者の見解

研究者名	消費税率に対する見解
佐藤主光 (一橋大学教授)	佐藤は、「財政を再建しつつ社会保障も拡充するためには、2015年度までに消費税10％に引き上げ、さらに、2020年度には消費税を15％に引き上げる必要がある」と主張する。
野口悠起雄 (一橋大学教授)	野口は、「社会保障改革を実施せずに、財政赤字をGDP比3％以内にするためには消費税を30％に引き上げる必要がある」と主張する。
武藤敏郎 (株式会社大和総研理事長)	武藤は、「2015年度に消費税を10％に引き上げ、2020年度に消費税を16％に引き上げれば、基礎的財政収支が均衡し、社会保障経費を賄える」と主張する。
河野龍太郎 (BNPパリバ証券チーフエコノミスト)	河野は、「GDPに対する借入金残高の比率を安定的に減少させるには、消費税を18％～19％まで引き上げる必要がある」と主張する。

(出所) 松浦茂稿「消費税の経済への影響─消費税を巡る論点②─」『調査と情報第752号』(国立国会図書館 ISSUE BRIEF NUMBER 752・2012年5月24日) 参照。

第2項 付加価値税の国際比較

日本の消費税は、図表7-5に示すように、諸外国に比べると著しく低率であり、スイスと同率の40位であり、将来的に税率が10％に上昇した場合でも37位である。そのため、日本の消費税率が、アイスランド (25.5％)、スウェーデン (25％)、ノルウェー (25％)、デンマーク (25％)、及びフィンランド (24％) 等の北欧諸国の付加価値税の税率に比較すると著しく低率であることも消費税増税の根拠となっている。

しかし、北欧諸国では、付加価値税の使途が社会福祉目的と明確であり、高齢者に対する医療・介護及び学生の学費軽減・奨学金に充てられており、必ずしも同一視することはできない。

【図表7-5】付加価値税率（標準税率）の国際比較

順位	国	税率
1位	ハンガリー	27.0%
2位	アイスランド	25.5%
3位	スウェーデン，ノルウェー，デンマーク	25.0%
6位	フィンランド，ルーマニア	24.0%
8位	ギリシャ，アイルランド，ポーランド，ポルトガル	23.0%
12位	ベルギー，チェコ，イタリア，オランダ，スペイン，ラトビア，リトアニア	21.0%
19位	オーストリア，エストニア，スロバキア，スロベニア，イギリス，ブルガリア	20.0%
25位	フランス	19.6%
26位	ドイツ，チリ	19.0%
28位	キプロス，トルコ，マルタ	18.0%
31位	イスラエル，中国	17.0%
33位	メキシコ	16.0%
34位	ルクセンブルク，ニュージーランド	15.0%
36位	フィリピン	12.0%
37位	オーストラリア，韓国，インドネシア	10.0%
40位	スイス	8.0%

（出所）財務省　http://www.mof.go.jp/tax＿policy/summary/consumption/102.htm 参照。

第3項　消費税を巡る論点
(1) 税負担の逆進性を巡る論点

　消費税は，所得の多寡に影響を受けることのない税金であるため水平的公平性の面で優れていると評されるが，垂直的公平性の面では劣っているため，担税力の観点から検証するならば逆進性が生じる可能性を有する。なぜならば，家計に占める消費性向（家計に占める消費の割合）を分析するならば，家計に余裕のある高所得者の消費性向は低く，逆に，家計に余裕のない低所得者の消

費性向は高くなるという傾向を示しているため，消費税は低所得者にとって大きな負担となるからである。

つまり，消費税は，低所得者の納税負担が高所得者の納税負担よりも大きいため，必ずしも課税の公平性を実現しているとはいえず，消費税における税負担の逆進性問題が指摘されているのである。

また，消費税における税負担の逆進性を緩和する方法としては，生活必需品に対して「軽減税率」を導入するという方法が考えられる。そして，軽減税率には，図表7-6に示すように，（ⅰ）軽減税率の制度執行のためには多額の経費を要すること（例えば，売上に係る税額を計算する際に軽減税率が採用され，仕入に係る税額を計算する際に標準税率が採用されたならば，事業者側の税額計算が複雑になると共に，課税庁側の税務調査が煩雑化する可能性がある），（ⅱ）軽減税率の制度執行に伴う減収に対応するためには標準税率を引き上げなければならないこと（例えば，財務省試算に拠れば，消費税率10％において軽減税率を導入したならば，年間3.1兆円の減収となる可能性がある），（ⅲ）軽減税率の制度執行は，必ずしも低所得者だけが恩恵を受けるとは限らず高所得者に対しても恩恵を与えるため再分配政策としての効果が乏しいこと（例えば，食料品等の特定生活必需品に対して軽減税率を適用した場合には高所得者に対しても軽減税率の恩恵を与える可能性がある）等のデメリットが考えられる。

【図表7-6】消費税の軽減税率導入の問題点

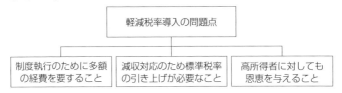

(2) 仕入税額控除の否認を巡る論点

国税庁は，消費税法30条（以下，「消法30条」とする）7項に規定する「事業者が当該課税期間の課税仕入等の税額の控除に係る帳簿又は請求書等を保存しない場合」に該当するとして，仕入税額控除の適用を否認し，過少申告加算税を追徴課税する。

つまり，消費税納付額は，売上にかかる消費税（仮受消費税）から仕入にか

かる消費税（仮払消費税）を控除した金額であり，仕入にかかる消費税が認められない場合には，図表7-7に示すように納税額が増加することになる。

　消費税法における帳簿等の保存と提示については，最高裁平成16年12月20日判決（最高裁判所第二小法廷平成16年（行ヒ）第37号法人税更正処分等取消請求事件）が挙げられる。つまり，最高裁は，保存の範疇に『提示』を含むとし，帳簿等が不提示の場合には消費税における仕入税額控除を否認するという判決を下したのである。この他，最高裁判例としては，最高裁平成16年12月16日判決（最高裁判所第一小法廷平成13年（行ヒ）第116号課税処分等取消請求事件，最高裁平成17年3月10日判決（最高裁判所第一小法廷平成16年（行ヒ）第278号消費税更正処分等取消請求事件等がある。

【図表7-7】仕入税額控除が認められない場合の計算

生産者
卸売業者　→　仕入れ(A)　→　小売業者　→　売上げ(B)　→　消費者

- 仕入税額控除が認められた場合の計算
  消費税額＝売上金額(B)×8％－仕入金額(A)×8％
  　　　　＝仮受消費税(B×8％)－仮払消費税(A×8％)
- 仕入税額控除が認められない場合の計算
  消費税額＝売上金額(B)×8％－0

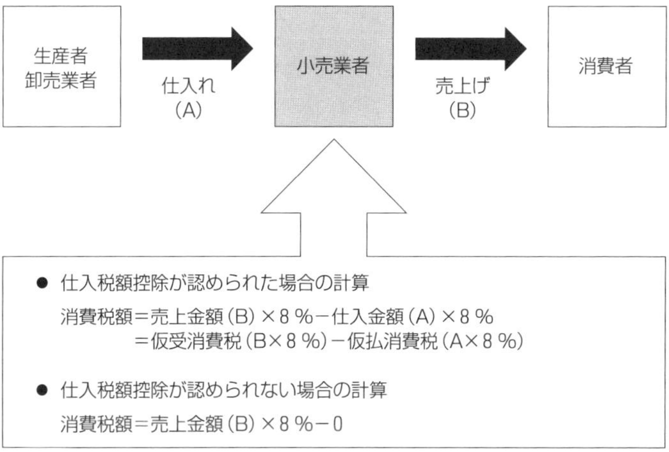

(3) 消費税法7条を巡る論点

　消費税は，図表7-8に示すように，売上にかかる消費税（仮受消費税）から仕入にかかる消費税（仮払消費税）を控除することにより算出する。例えば，売上金額が10億円で仕入金額が9億円の場合には，仮受消費税（10億円×8％）から仮払消費税（9億円×8％）を控除した金額である800万円を納付することになる。

【図表7-8】消費税の算定方法

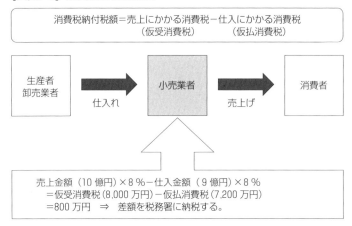

一方，消費税の輸出還付金額が発生するケースがある。例えば，消費税法第7条は，「本邦から輸出として行われる資産の譲渡又は貸付については，消費税を免除する」と規定する。そのため，海外輸出が多い日本企業は，消費税法第7条にもとづいて輸出免税（ゼロ税率）となり，例えば，日本企業が商品10,000,000円を仕入れ，海外において20,000,000円で売り上げたならば，図表7-9に示すように，仮受消費税から仮払消費税を控除した金額（800,000円）が還付されることになる。

【図表7-9】消費税における輸出還付金額の算定

- 商品仕入時の仕訳
  - （借）仕入　　　　　10,000,000　　（貸）当座預金　10,800,000
  - （借）仮払消費税　　　　800,000

- 商品販売時の仕訳
  - （借）当座預金　　　20,000,000　　（貸）売上　　　20,000,000
  - （注）仮受消費税は0円であるため仕訳はしない。

- 輸出還付金額の算定
  - 仮受消費税（0円）－仮払消費税（800,000）＝▲800,000

また，日本企業のなかには，図表7-10に示すように，消費税における輸出還付金額を受け取っている企業も多く，逆に，消費税の還付金額の受け取りを目的として戦略的に海外輸出額を増加させている企業も出現しているのである。

【図表7-10】消費税における輸出還付金額の算定

企業名	事業年度	消費税還付金額	輸出割合
トヨタ自動車	2011.4～2012.3	1,695億円	60.61%
日産自動車	同	977億円	67.22%
豊田通商	同	910億円	55.44%
三井物産	同	867億円	51.99%
丸紅	同	843億円	31.99%
住友商事	同	737億円	47.39%
三菱商事	同	674億円	18.50%
ソニー	同	642億円	67.59%
パナソニック	同	605億円	46.99%
東芝	同	566億円	54.50%
キヤノン	2011.1～2011.12	540億円	77.30%
マツダ	2011.4～2012.3	527億円	75.70%
伊藤忠商事	同	509億円	29.70%
本田技研工業	同	466億円	59.60%
三菱自動車	同	423億円	73.49%
新日本製鐵	同	310億円	32.79%
任天堂	同	198億円	77.09%
スズキ	同	120億円	40.44%
三菱重工業	同	83億円	41.89%
日立製作所	同	59億円	42.69%

（出所）湖東京至稿,「消費税を法人事業税・付加価値割と合体する提言」日本租税理論学会編,「税制改革と消費税」（法律文化社, 2013年）83ページ。

第2節　酒税法の改正と論点

第1項　酒税の計算と課税数量

酒税は，酒類に対して課税されるが，酒類とは，図表7-11に示すように，アルコール分1度以上の飲料のことであり，「発泡性酒類」，「醸造酒類」，「蒸留酒類」，及び「混成酒類」に4区分される。

【図表7-11】酒税率

区　分	税　率 (1kℓ当たり)	アルコール分 1度当たりの加算額
発泡性酒類	220,000円	—
発泡酒（麦芽比率25〜50％未満）	178,125円	—
〃　（麦芽比率25％未満）	134,250円	—
その他の発泡性酒類 （ホップ等を原料としたもの（一定のものを除く。）を除く。）	80,000円	—
醸造酒類	140,000円	—
清　酒	120,000円	—
果実酒	80,000円	—
蒸留酒類	（アルコール分21度未満） 200,000円	（アルコール分21度以上） 10,000円
ウイスキー・ブランデー・スピリッツ	（アルコール分38度未満） 370,000円	（アルコール分38度以上） 10,000円
混成酒類	（アルコール分21度未満） 220,000円	（アルコール分21度以上） 11,000円
合成清酒	100,000円	—
みりん・雑酒（みりん類似）	20,000円	—
甘味果実酒・リキュール	（アルコール分13度未満） 120,000円	（アルコール分13度以上） 10,000円
粉　末　酒	390,000円	—

（備考）　1.　発泡性酒類…ビール，発泡酒，その他の発泡性酒類（ビール及び発泡酒以外の酒類のうちアルコール分10度未満で発泡性を有するもの）

2. 醸造酒類…清酒，果実酒，その他の醸造酒（その他の発泡性酒類を除く。）
3. 蒸留酒類…連続式蒸留焼酎，単式蒸留焼酎，ウイスキー，ブランデー，原料用アルコール，スピリッツ（その他の発泡性酒類を除く。）
4. 混成酒類…合成清酒，みりん，甘味果実酒，リキュール，粉末酒，雑酒（その他の発泡性酒類を除く。）

（出所）財務省「酒税に関する資料」（https://www.mof.go.jp/tax_policy/summary/consumption/d08.htm）

　近年，酒類の課税数量は，図表7-12に示すように，平成11（1999）年度の1,017万 kl をピークとし，そして，課税額は，平成6（1994）年度の2.12兆円をピークとして減少傾向を示している。

【図表7-12】種類の課税数量

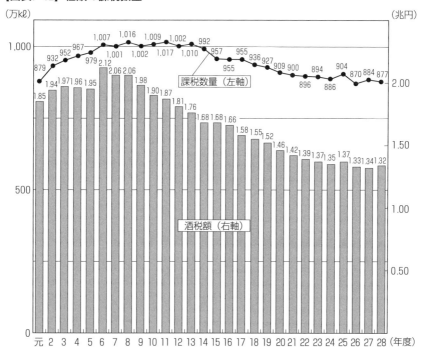

（出所）財務省「酒税に関する資料」参照（https://www.mof.go.jp/tax_policy/summary/consumption/d08.htm）。

また，酒税の納税義務者は酒類製造業者であり，図表7-13に示すように，原則として1か月ごとに酒類製造場から移出（出荷）した納税申告書（酒類の総量や税額が記載された書類）を翌月末日までに所轄税務署に提出し，翌々月末までに酒税額を納付する。

【図表7-13】酒税の納付システム

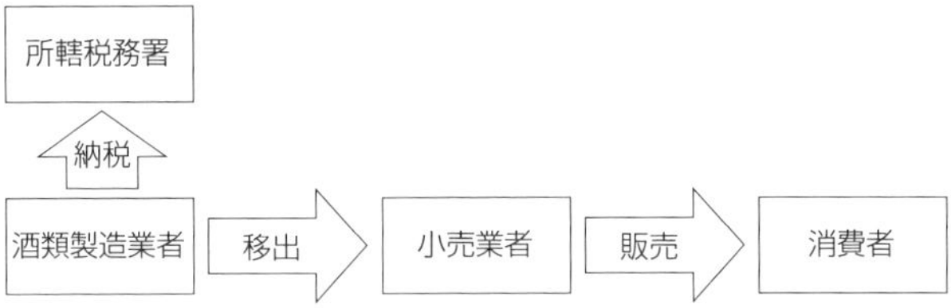

所轄税務署 ← 納税 ← 酒類製造業者 → 移出 → 小売業者 → 販売 → 消費者

第2項　酒税法を巡る論点
(1)　酒税法第7条の検証

酒税法第7条1項は，「酒類を製造しようとする者は，政令で定める手続により，製造しようとする酒類の品目別に，製造場ごとに，その製造場の所在地の所轄税務署長の免許を受けなければならない」と規定し，そして，酒税法第54条第1項は，「第7条第1項又は第8条の規定による製造免許を受けないで，酒類，酵母又はもろみを製造した者は，10年以下の懲役又は100万円以下の罰金に処する」と酒税法第7条を補完する。

しかし，酒税法第7条1項については，憲法適合性の面で批判的な見解が存在し，「自己消費目的の酒類製造の禁止を巡る合憲性」が争点となった。この酒税法第7条1項を巡る判例としては，最高裁平成元（1989）年12月14日第1小法廷判決が挙げられる。本件事件は，清酒及び雑酒（どぶろく）等を自ら無免許で製造すると共に，著書のなかで無免許による清酒製造を奨励した者が「無免許酒類製造罪」で起訴された事件である。被告人は，清酒約37リットルと清酒の原材料となる雑酒約60リットルを所轄税務署長の製造許可を得ることなく製造した。そのため，昭和59（1984）年4月6日，東京国税局長は，「無免許酒類製造罪」で被告人を告発した。

昭和61（1986）年3月26日，千葉地裁（第一審）は，「酒税法第7条によって

自己消費目的の酒類製造を規制することは憲法違反に該当しない」として被告人に対して罰金30万円の有罪判決を下し、昭和61（1986）年9月29日、東京高裁（第二審）も「第一審の法令解釈を支持し憲法違反に該当しない」と判決した。そのため、被告人は、「酒税法第7条1項及び酒税法第54条1項は、あくまでも販売を目的して酒類製造を行った者を対象とした処罰であり、自己消費目的で酒類製造を行った者を処罰の対象とすることに合憲性を認められない」として最高裁に上告した。しかし、最高裁は、「憲法第13条に違反するものでないと判示し、自費消費のための酒類製造を放棄することは、国の重要な財源である酒税収入の確保に影響が出る」として上告を棄却したのである。

本判決の妥当性について検討したい。仮に、無免許酒類製造罪が、その本来の目的を歳入における恒常的な酒税収入の確保あるとするならば、少量の清酒製造で得られる酒税収入程度ではその目的を達することはできない。また、酒税法第7条第1項は、営業目的だけではなく、自己消費目的であっても製造を容認しないため、"基本的人権の尊重"を犯す可能性があり個人の自由意思への不当な介入であると批判され、そして、密造酒の取締りと同一の範疇に入れる

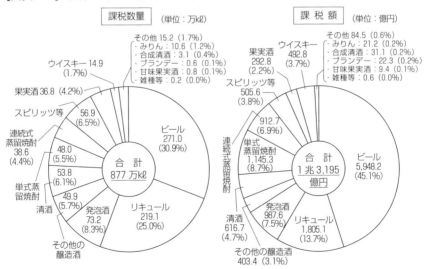

【図表7-14】平成28（2016年）度の酒類品目ごとの課税数量及び課税額

（出所）財務省「酒税に関する資料」参照（https://www.mof.go.jp/tax_policy/summary/consumption/d08.htm）。

べき性質のものでなく、酒税法第54条を適用して5年以下の懲役又は50万円以下の罰金刑を課すことは重すぎるとも批判される。そのため、酒税法第7条は、老舗の清酒製造業者の保護を目的としているのではないかと推測できる。なぜならば、日本の清酒の課税額は、図表7-14に示すように、約4.7%（平成28年度）と低く、日本文化の伝承ともいえる存在の老舗の清酒製造業業者を保護していると考えられからである。

なお、日本の清酒製造業者のなかには、図表7-15に示すように、創業100年を超える者が多数存在している。

【図表7-15】 老舗清酒製造業者の創業年度

順位	企業名	所在地	創業年
1位	須藤本家	茨城県笠間市	1141年（永治元年）
2位	飛良泉本舗	秋田県にかほ市	1487年（長亨元年）
3位	剣菱酒造	神戸市東灘区	1505年（永正2年）
4位	山路酒造	滋賀県木ノ本町	1532年（天文元年）
5位	吉乃川酒造	新潟県長岡市	1548年（天文17年）
6位	小西酒造	兵庫県伊丹市	1550年（天文19年）
7位	千野酒造場	長野県長野市	1555年（天文24年）
8位	羽根田酒造	山形県鶴岡市	1592年（文禄元年）
9位	小屋酒造	山形県大蔵村	1596年（慶長元年）
10位	豊島屋本店	東京都千代田区	1596年（慶長元年）

(出所) 高沢修一著、『ファミリービジネスの承継と税務』（森山書店、2016年）83-84ページ。

(2) 酒税法第9条の検証

酒税法第9条第1項は、「酒類の販売業又は販売の代理業若しくは媒介業をしようとする者は、政令で定める手続により、販売場ごとにその販売場の所在地の所轄税務署長の免許を受けなければならない」と規定する。そして、昭和49（1974）年7月30日、酒類の売買等を目的とする者が管轄の税務署長に対して酒類販売業の免許申請をしたところ、昭和51（1976）年11月24日付で、酒税法第10条第10号の「経営の基盤が薄弱であると認められる場合」に該当するとして免許拒否の処分を受けた。

但し，酒類販売の免許制を違憲とする見解も存在する。例えば，この酒類販売の免許制を違憲とする論拠としては，(i)酒税の国税収入に占める割合が低下している，(ii)酒税と同じように庫出課税方式をとる揮発油税等においても免許制が存在していない，(iii)昭和13（1938）年当時と異なり，酒類販売業者が濫立し酒類製造業者の販売代金回収が困難になるという事態は考えられないということが挙げられる。

しかし，酒類販売の免許制を肯定する見解も存在する。例えば，酒類販売の免許制は，食品衛生面での管理を徹底することにより国民生活の保健衛生の保全を図ることを目的とし，そして小規模酒類小売業の保護という観点から導入されたと説明される。

なお，平成28（2016）年に酒税法が一部改正され，税務署長が酒類の販売業免許等を取り消すことができる要件として，(i)酒類業組合法第84条第2項又は第3項（酒税保全のための勧告又は命令）と，(ii)酒類業組合法第86条の4（公正な取引の基準に関する命令）が加えられている。

昭和24（1949）年に，北海道酒類密造防止協力会から刊行された，密造取締りに大活躍する税務署長を描いた宮沢賢治の作品
(出所) 国税庁・租税資料ライブラリー「税務行政の民衆化」参照。

第3節　日・EU 間の関税撤廃と輸出免税

第1項　日・EU 間の EPA 締結の戦略的意義

EPA（Economic Partnership Agreement/経済連携協定）が締結され，図表7-16に示すように，平成30（2019）年から「EU 関税の撤廃」が可能となれば，

清酒などの関税も即時撤廃となる可能性がある。そして，清酒に対する「日・EU間の関税撤廃」は，わが国の清酒製造企業のEU進出を促進させる可能性を有している。なぜならば，EUは，5億人の巨大市場であるのにもかかわらず，必ずしも日本酒が浸透している地域とはいえないからである。

つまり，日・EU間のEPA締結は，相互の市場解放等により貿易及び投資を活性化させると共に，労働市場における雇用環境を改善・創出させ，日・EU域内における企業の競争力強化等を含む経済成長に資するものである。そして，日・EU間のEPA締結の戦略的意義は，英国のEU離脱や米国の環太平洋パートナーシップ（TPP）協定からの離脱など，世界的に保護主義的な動きがあるなか，米国主導の保護主義に対抗する日EU主導の新たな自由貿易の潮流を誕生させているのである。

【図表7-16】 日・EU間のEPA締結の酒類等に係る関税撤廃

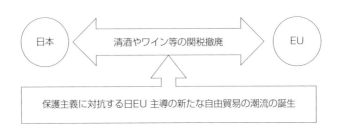

日EU・EPA 酒類等に係る大枠合意の内容	
関税撤廃	（日本からの輸出） 　酒類，たばこ，塩：全品目の即時撤廃 （日本への輸入） 〈酒類〉 ・ワイン（ボトルワイン，スパークリングワイン等）：即時撤廃 〈たばこ〉 ・紙巻たばこ：協定税率として無税（現在，暫定税率で無税） ・紙巻たばこ以外：段階的に撤廃 〈塩〉 ・精製塩：11年目に撤廃

地理的表示(GI)	● GI「日本酒」などの酒類 GI の相互保護により，日本産酒類のブランド価値を向上させ，輸出促進 （注）国レベルの GI として「日本酒」を指定（平成27年12月） （参考）日本酒類 GI 　　焼酎：壱岐（長崎県壱岐市），球磨（熊本県球磨郡及び人吉市）， 　　　　　薩摩（鹿児島県(奄美市及び大島郡を除く)，琉球(沖縄県) 　　清酒：日本酒（日本国），白山（石川県白山市），山形（山形県） 　　ワイン：山梨（山梨県）
非関税措置	● 日本産酒類の非課税措置（「日本ワイン」の輸入規制，単式蒸留焼酎の容器容量規制）を撤廃し，EU 市場を新規開拓 ① 「日本ワイン」の輸入規制（醸造方法・輸出証明）の撤廃 　・これまで，EU 域外から EU 域内への輸出は，EU ワインの醸造規則に適合したものしか認められず，適合している旨の公的機関による証明書を義務付け 　⇒ 新たに，EU は「日本ワイン」の醸造方法を容認（補糖，補酸，ぶどう品目の承認等） 　⇒ 協定発効後は，「日本ワイン」の自由な流通・販売が可能。また，業者の自己証明の導入により，コスト負担が軽減 ② 単式蒸留焼酎の容器容量規制の緩和 　・これまで，700 ml や1,750 ml 等の決められた容量以外の容器は流通不可 　⇒ 協定発効後は，焼酎の四合瓶や一升瓶での輸出が可能

（出所）外務省「北海道札幌市日 EU・EPA 交渉の大枠合意に関する説明会」参照。

第2項　清酒の輸出動向と輸出免税との整合性

　平成27（2016）年度の清酒製造企業別の売上高を検証すると，図表7-17に示すように，上位20社中12社が前年度比マイナスの数値であり，清酒製造企業の経営状況が極めて厳しい状況であることを示している。

【図表7-17】 2016年度　清酒メーカー売上高上位10社

順位	企業名	所在地	主力ブランド	決算日	売上高(百万円)	前年度比
1	白鶴酒造㈱	兵庫県神戸市	白鶴	2017年3月	34,808	▲0.7
2	月桂冠㈱	京都府京都市	月桂冠	2017年3月	27,387	▲2.9

3	宝ホールディングス㈱	京都府京都市	松竹梅	2017年3月	24,822	0.3
4	大関㈱	兵庫県西宮市	大関	2017年3月	16,376	▲2.5
5	日本盛㈱	兵庫県西宮市	日本盛	2017年3月	14,770	0.1
6	㈱小山本家酒造	埼玉県さいたま市	金紋世界鷹	2016年9月	11,358	▲0.1
7	菊正宗酒造㈱	兵庫県神戸市	菊正宗	2017年3月	11.018	1.7
8	旭酒造㈱	山口県岩国市	獺祭	2016年9月	10,803	65.3
9	黄桜㈱	京都府京都市	黄桜	2016年9月	10,000	▲2.9
10	オエノンホールディングス㈱	東京都中野区	大雪乃蔵	2016年12月	9,105	▲9.8
11	朝日酒造㈱	新潟県長岡市	久保田	2016年9月	8,589	▲3.2
12	八海醸造㈱	新潟県南魚沼市	八海山	2016年8月	6,169	4.9
13	辰馬本家酒造㈱	兵庫県西宮市	白鹿	2017年3月	6,063	▲5.1
14	菊水酒造㈱	新潟県新発田市	菊水	2016年9月	5,452	0.0
15	合資会社加藤吉平商店	福井県鯖江市	梵	2016年6月	4,829	―
16	剣菱酒造㈱	兵庫県神戸市	剣菱	2017年3月	4,300	0.0
17	小西酒造㈱	兵庫県伊丹市	白雪	2017年3月	4,035	▲7.4
18	沢の鶴㈱	兵庫県神戸市	沢の鶴	2017年3月	3,980	▲12.6
19	中埜酒造㈱	愛知県半田市	國盛	2016年6月	3,700	▲2.6
20	清州櫻醸造㈱	愛知県清須市	清州桜	2016年6月	3,500	▲2.8

(出所) 帝国データバンク編著,「清酒メーカーの経営実態調査」(2017年12月21日) を基に作成。

　また，わが国の清酒（16％）の輸出量は，図表7-18に示すように，リキュール（8％），ウイスキー（4％），焼酎（2％），その他・ボトルワイン等（4％）に比べると多いが，ビール（66％）に比べると僅少でありビールの後塵を拝しているのである。

　そして，わが国の清酒の輸出金額は，図表7-19に示すように，アメリカ合衆国，大韓民国（以下，「韓国」とする），及び香港等への輸出金額が大きく，EUを形成するフランスに対する輸出金額は，アメリカ合衆国の約30分の1，韓国の約10の1，シンガポールの約3分の1程度であり，ASEAN（Association of Southeast Asian Nations）への輸出先としては，図表7-20に示すように，シンガポール（第6位）とタイ（第10位）への輸出金額が目立つ。このシンガポールとタイへの輸出金額が多い理由としては，両国における清酒に対する「関税

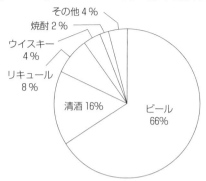

【図表7-18】2016年度　酒類の輸出量構成比

(出所) 財務省「貿易統計 (2016年) 参照。(https://jp.ub-speeda.com/analysis/archive/73/)

ゼロ」を挙げることができる。そのため，日・EU 間において EPA 締結がなされたならば，清酒製造企業の売上高が，EU（European Union）おいて増加する可能性を有している。

　しかしながら，清酒の海外輸出が増大した場合，消費税法7条の「輸出免税」との関係が問題になる。なぜならば，関税とは，一般概念として「法定の関税領域に出入りする貨物に対して賦課する租税である」と定義されるため，仮に，清酒に対する「日・EU 間の関税撤廃」が実現したならば，消費税法7条の「輸出免税」にも影響を与えることになるからである。つまり，消費税法7条は，日本製品が国外での競争力の喪失を防ぐことを目的として輸出免税としているが，「日・EU 間の関税撤廃」が実現したならば，この理論的根拠が崩れることになるのである。

【図表7-19】平成25年国（地域）別輸出金額　　　　　　　　　　単位：百万円

国（地域）名	内訳					
	清酒	ビール	ウイスキー	リキュール	しょうちゅう等	その他
アメリカ合衆国	3,873	500	523	397	386	198
大韓民国	1,382	2,828	18	40	82	10
台湾	587	742	638	759	99	119
香港	1,712	174	78	483	332	66

中華人民共和国	523	23	229	145	457	22
シンガポール	383	366	213	264	102	18
フランス	106	9	1,018	7	7	12
英国	217	20	520	30	17	4
ロシア	37	299	395	1	0	57
オーストラリア	209	234	73	98	14	16
その他	1,494	255	274	322	507	109
合計	10,524	5,494	3.980	2,545	2,003	628

(出所) 国税庁 Sake ジャパンチーム稿,「日本産酒類の輸出動向と輸出環境整備に向けて」『ファイナンス』2014.5, 20ページ参照。

【図表7-20】ASEAN の日本酒輸出量

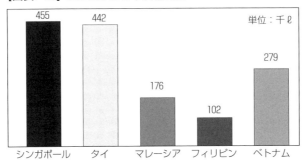

(出所) 一般財団法人日本経済研究所稿,「日本酒販売のアジア展開に関する調査 〜シンガポール・タイを中心とした最近の動向〜」『日経研月報』2016, 68ページ参照。

第8章
現行の税務行政組織と税理士制度

第1節 税務行政と国税通則法等の改正

第1項 税務行政組織と通達の機能
(1) 国税庁の使命と税務行政組織の構造

　国税庁は，納税者の自発的な納税義務の履行を，適正かつ円滑に実現することを使命としており，図表8-1に示すような使命感により業務を遂行している。

【図表8-1】国税庁の使命

> 　国や地方公共団体は，国民の生活に欠かすことのできない公共サービスを提供するため，さまざまな行政活動を行っています。そして，その活動のために必要な経費を賄う財源が税金です。公共サービスが税金によって円滑に提供されるよう，日本国憲法は国民の義務の一つとして納税の義務を定め，国税庁には税金を徴収する権限が与えられています。
> 　国税庁の使命は，納税者の自発的な納税義務の履行を，適正かつ円滑に実現することにあります。国税庁では，国民から負託された責務を果たすために，租税教育や広報活動など納税者が納税義務を理解し実行することを支援する活動（納税者サービス）や，善良な納税者が課税の不公平感を持つことがないよう，納税義務が適正に果たされていないと認められる納税者に対し，的確な指導や調査を実施することによって誤りを確実に是正する活動（適正・公平な税務行政の推進（コンプライアンス[注1]の維持・向上））により，内国税の適正かつ公平な賦課・徴収の実現を図っています。併せて，酒類業の健全な発達ならびに税理士業務の適正な運営の確保に努めています。
> 　国税庁は，これらの取組に当たっては，その責務について納税者である国民の理解と信頼を得ることが重要であると考えています。このため，これらを分かりやすく取りまとめた「国税庁の使命」[注2]を職員に示して事務の遂行に努め，さらに，国民に対して公表しています。

(注1)「コンプライアンス」とは，納税者が高い納税意識を持ち，法律に定められた納税義務に自発的かつ適正に履行すること（法令順守）です。

（注2）「国税庁の使命」とは，「国税庁の事務の実施基準及び準則に関する訓令」に職員が事務を遂行するための行動規範を加えたものです。
（出所）国税庁「国税庁の使命」参照。（ttps://www.nta.go.jp/about/introduction/torikumi/report/2006/01.htm）

（注）国税庁・板橋税務署長の大東文化大学経営学部における講演（租税教育）
（出所）大東文化大学経営学部ホームページ。

　また，税務行政とは，国及び地方公共団体が租税の賦課及び徴収を行う行政活動のことであるが，税務行政は，図表8-2に示すように，国税庁をトップとして「庁（長官）―局（局長）―署（署長）」というピラミッド型の縦割り税務行政組織を構成している。そして，税務署長の業務は，図表8-3に示すように，①管内の個人及び法人の実態調査，②管内の納税状況及び青色申告の状況把握，③管内税理士会への協力要請，及び④各種講演会の実施等，多岐に渡り民間の企業経営者の業務と遜色のない内容であり，そのため，税務署長には，適正で公平な課税を実施し納税者コンプライアンスの向上を図り，納税サービスの向上を実現するために経営者としての資質が求められるのである。

【図表8-2】税務行政組織の構造

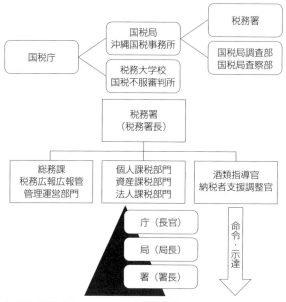

(出所) 国税庁ホームページを基に作成。

【図表8-3】税務署長の業務内容

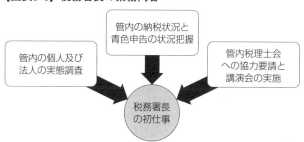

(2) 通達の規制の機能と有用性

実務上，通達は，納税者が異議を唱え争訟しなければ，「法源」と同様の機能を有し，税務現場に多大な影響を与える。なぜならば，通達の規制は，図表8-4に示すように，現状に囚われることなく社会経済環境に順応した"戦略性"を有するため，国会の議決を経て成立した「法律」よりも優先されるからである。

【図表8-4】 法律と通達の関係

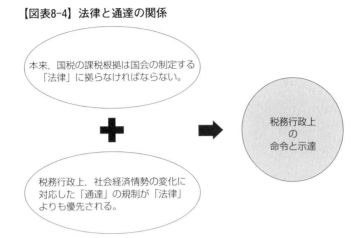

但し、この通達の規制に対しては、租税法律主義を拠りどころとするならば、国税庁長官が下級庁に対して発する命令・示達である「通達」は法源とはなりえないという批判があると共に、行政権力の肥大化を促しているという批判も存在する。

しかしながら、通達の規制は、税務行政を遂行するうえで、行政組織構成員間における税法上の解釈及び判断を統一化し、税務行政実務の効率化を図れるという点で有効な手段であり、必ずしも国民（納税者）の権利を侵害するとは断言できないのである。

第2項 国税通則法等の改正と税務調査

(1) 国税通則法等の改正と税務調査の手続き

国税通則法は、「国税に関する基本的な事項と共通的な事項を定め、税法の体系的な構成と国税に関する法律関係を整えて、税務行政の公正な運営を図ると共に国民の納税義務の適正かつ円滑な履行に資することを目的とする」と規定するが、国税通則法の改正を含む「所得税法等の一部を改正する法律」（以下、「国税通則法等の改正〔税務調査手続等〕とする」）が、平成26（2014）3月20日に成立し、同年3月31日に公布された。

つまり、平成26（2014）年の国税通則法等の改正（税務調査手続等）では、従来、「税務調査の事前通知について、納税義務者と税務代理人（顧問税理士）

の双方に通知することとされていた」が，平成26（2014）年7月1日以後に行う税務調査の事前通知について，「税務代理権限証書に，納税義務者の同意が記載されている場合には，税務代理人（顧問税理士）に対して通知すれば足りること」と改正された。

また，税務調査は，帳簿書類等に基づいて申告内容の正確性について確認し，納税者義務者の申告内容に誤りがある場合や本来ならば申告すべき義務を有する者が申告をしていない場合に納税義務者に対して是正を求めることである。なぜならば，所得税等の国税の多くは，納税義務者が自ら納税する申告納税制度を採用しているからである。

すなわち，国税庁は，税務調査において，「法定化された調査手続を遵守しながら，納税義務者の主張や申告内容を丹念に調べて正しく把握し，その結果，判明した的確な事実限定に基づいて慎重かつ十分に法令面を検討している」のである。

また，税務調査は，図表8-5に示すように，①事前通知，②質問検査等，③修正申告等・更生又は決定を書面で通知するという流れで行われる。

【図表8-5】税務調査の流れ

(2) **税務調査の法的根拠と査察調査の状況**

税務調査において事前通知で通知される項目は，(ⅰ)調査開始日時，(ⅱ)調査実施場所，(ⅲ)調査目的，(ⅳ)調査対象税目，(ⅴ)調査対象期間，(ⅵ)調査対象帳簿等の種類，(ⅶ)調査対象となる納税義務者の氏名と住所，(ⅷ)調査官の氏名と所属である。

また，事前通知に記載されていない項目であっても，調査時に非違の疑いが生じた場合には調査官の判断により税務調査することができる。そして，質問検査権とは，調査官が税務調査を行う場合の「法的根拠」となるものであり，

国税通則法に拠れば，質問検査権を有しない税目や内容については調査できないとされる。但し，調査対象者が正当な理由なく書類等の提示，提出，及び留置き（預り証を発行して帳簿等を預ること）を拒んだ場合には「罰則」に処せられる。

また，平成29（2017）年度告発事例（査察調査の状況）と平成29（2017）年度実刑判決（査察事件の一審判決）は，図表8-6及び図表8-7に示すような内容である。

【図表8-6】査察調査の状況

	着手件数	処理件数	告発件数	脱税総額（うち告発分）	1件当たり脱税額（うち告発分）
平成28年度（2016年）	178件	193件	132件	16,106百万円（12,692百万円）	96百万円（83百万円）
平成29年度（2017年）	174件	163件	113件	13,509百万円（10,010百万円）	89百万円（83百万円）

（注）脱税額には，加算税を含む。
（出所）国税庁レポート2018，36ページ参照。

【図表8-7】査察事件の一審判決の状況

	判決件数①	有罪件数②	有罪率②/①	実刑判決人数	1件当たり犯則税額④	1件当たり懲役月数⑤	1人（社）当たり罰金額⑥
平成28年度（2016年）	内12 100件	内12 100件	100.0%	内9 14人	59百万円	13.9月	14百万円
平成29年度（2017年）	内5 143件	内5 143件	100.0%	内4 8人	62百万円	14.7月	15百万円

（注）表中の内書は他犯罪との併合事件を示しており，④～⑥は，他の犯罪との併合事件を除く。
（出所）国税庁レポート2018，36ページ参照。

また，税務調査は，（ⅰ）実地調査（納税者の活動拠点に出向き調査対象者の帳簿書類等を調査する），（ⅱ）銀行調査（調査対象者の資産状況及び取引状況を把握するために取引銀行を調査する），（ⅲ）反面調査（調査対象者の取引先を調査する）に分類されるが，実地調査を担当する者が国税専門官（国税調査官）であり，原則的に納税者本人の立ち合いの下に税務調査は行われるが，税

務調査における関与税理士の立ち合いも認められている。そして，通常の税務調査は，納税者の同意の下で行われる「任意調査」であるが，国税犯則取締法に則り，国税局査察部の国税査察官（通称「マルサ」）が行う脱税者を対象とした税務調査である「強制捜査」も存在する。

なお，国税専門官には，国税調査官と国税査察官以外にも，国税徴収官（税金の滞納者に対して，納税の督促や滞納処分を行う）が存在する。

（注）2018年（左）・2019年（右）国税庁職員募集ポスター（国税庁板橋税務署提供・著者所蔵）

また，国税庁は，図表8-11に示すように，開発途上国に対する技術協力活動について積極的に取り組んでいる。

【図表8-11】国税庁の開発途上国に対する技術協力活動の概要

> 最近においては，国際税務行政セミナー（ISTAX）に加えて，国際協力機構（JICA）のプログラムによる国別プロジェクトが実施されており，特にコンプライアンスの強化，納税者サービスの充実，人材育成，国際課税への対応等の分野について，ASEAN諸国などへの専門家派遣や，外国税務当局の職員を招いての国内における訪日研修の実施などが活発に行われています。また，OECDやアジア開発銀行（ADB）などが行う技術協力活動やセミナーに積極的に協力しています。

1 専門家の派遣
(1)長期専門家の派遣
　　日本の国税庁の実務や経験などを紹介し，その国の税務行政の改善策について助言するなどの技術協力を実施するため，国税庁の職員を国際協力機構（JICA）の長期専門家として，開発途上国の税務当局に常駐派遣しています。平成8年からインドネシア，平成14年からマレーシア，平成17年からフィリピン及びベトナムにも派遣しています。
(2)短期専門家の派遣
　　開発途上国の税務当局からの要請に基づき，税務行政等の改善を指導する専門家として，国税庁の職員を短期派遣しています。今年度は，ベトナム，中国，カンボジア，マレーシア，ラオス等へ派遣しました。
2　国内における研修の実施
(1)国際税務行政セミナー（ISTAX）
　　国税庁では，政府開発援助（ODA）の一環である国際協力機構（JICA）の集団研修プログラムの一つとして，アジアを中心にアフリカ，中南米，中近東，オセアニア，東欧の税務職員を対象に，国際税務行政セミナーを実施しています。このセミナーには，一般コース（昭和43年設立，研修期間：約2か月半）と上級コース（昭和49年設立，研修期間：約1か月）があり，それぞれ講義，討議，視察等を実施しています。国際税務行政セミナーは，日本の税制・税務行政に関する専門知識・技術を移転し，開発途上国の税制・税務行政の改善を図るとともに，セミナーの実施を通じて日本の税務行政に対する理解者を参加各国に養成し，相互の友好関係を促進することを目的としています。
(2)外国税務職員に対する短期研修（国別税務行政研修）
　　外国の税務当局からの要望に応じて，ベトナム，モンゴル，フィリピン，インドネシア，マレーシア等の税務当局の職員に対して，国際協力機構（JICA）などの協力の下に，日本の税務行政・税制等を紹介する短期研修（研修期間：1～2週間）を国別に実施しています。
(3)国税庁実務研修
　　世界銀行の奨学金制度などに基づき，慶応義塾大学，横浜国立大学，政策研究大学院大学，一橋大学の各大学院修士課程に留学している開発途上国の税務職員を主な対象として，税務大学校において実務に即した研修を実施しています。財政，税制，税務行政等に関する知識・能力の習得，各国における税務行政の向上を目的として平成8年4月から開講しています。

（出所）国税庁「国際化時代の税務行政・開発途上国に対する技術協力」参照。
https://www.nta.go.jp/about/introduction/torikumi/report/2006/03_4.htm

第2節　税理士制度と税理士の社会的使命

第1項　税理士法改正と税理士制度の整備

　日本の税理士制度は，昭和17（1942）年の税務代理士法施行を端緒とし，昭和25（1950）年のシャウプ勧告を受けて，昭和26（1951）年に税務代理士法に替わって税理士法が制定されたことに始まる。その後，税理士法は，図表8-8に示すような五度の税理士法改正を経て現在に至っている。

【図表8-8】税理士法改正の経緯

改正年	改正名	改正内容
昭和31（1956）年	第一次	税理士業務を行おうとする者は，税理士登録を行い，かつ，税理士会に入会しなければ，原則として業務が行えないこととなった。
昭和36（1961）年	第二次	税理士会の自治権を強化するため，登録事務が国税庁から日本税理士会連合会へ移譲された。
昭和55（1980）年	第三次	税理士業務のより適正な運営に資するため，税理士の使命の明確化，税理士業務の対象となる税目の拡大，登録即入会（税理士登録をした者は当然に税理士会の会員となる）などの改正が行われ，税理士の地位が明確になった。
平成13（2001）年	第四次	最近の税理士を取り巻く環境を踏まえた改正として，税理士法人制度の創設，税理士が税務訴訟において弁護士とともに出頭・陳述できる補佐人制度の創設，税理士業務に対する報酬の最高限度額に関する規定の削除などが行われた。
平成26（2014）年	第五次	公認会計士の税理士資格の取得について，国税審議会が指定する税法に関する研修の終了を要件とすることとされたほか，租税教育への取組の推進，税理士に係る懲戒処分の適正化などの改正が行われた。

（出所）日本税理士会連合会「税理士制度」参照。

第2項 税理士の使命・倫理と独占業務

(1) 税理士の使命と倫理

税理士には，図表8-9に示すように「使命」と「倫理」が求められている。例えば，税理士の使命は，税理士法第1条に拠れば，「税理士は，税務に関する専門家として，独立した公正な立場において，申告納税制度の理念にそって，納税義務者の信頼にこたえ，租税に関する法令に規定された納税義務の適正な実現を図ることを使命としています」と規定されている。そして，日本税理士会連合会「税理士制度」に拠れば，「税理士は脱税相談に応ずることができません。また，依頼者が租税に関して不正な行為を行っていることを知った場合には，是正をするよう助言しなければならないことになっています」と説明する。加えて，税理士には，業務に関して知り得た秘密を守る義務（使用人についても同様の義務がある）があり，税理士は，税理士の信用又は品位を害するような行為も禁じられている。

【図表8-9】税理士の使命と倫理

(2) 税理士の独占業務

税理士の業務は，図表8-10に示すように，税理士法（2条）において，「他人の求めに応じ，租税に関し①税務代理，②税務書類の作成，③税務相談を行うことである」と定められている。そして，税理士法（52条）において，税理士又は税理士法人でない者は，この法律に別段の定めがある場合を除くほか，税理士業務を行ってはならない」と規定する。

【図表8-10】税理士の独占業務

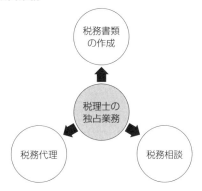

独占業務の種類	内容
税務代理	税務代理とは，税務官公署（国税不服審判所を含み，税関官署を除く。）に対する租税に関する法令若しくは行政不服審査法の規定に基づく申告，申請，請求，不服申立て及び届出，報告，申出，申立て，その他これらに準ずる行為（以下，「申告等」という）につき，又は当該申告等若しくは税務官公署の調査若しくは処分に関し税務官公署に対してする主張若しくは陳述につき，代理し又は代行することをいう。要約すれば，税務代理は，「申告等に関する代理，代行」若しくは「税務官公署の調査や処分に対する主張・陳述の代理，代行」であるということができる。
税務書類の作成	税務書類とは，税務官公署に対する申告書等の書類のほか，租税に関する法令の規定に基づき作成し，かつ，税務官公署に提出する書類で，財務省令で定めるものをいい，次に列挙する書類である。 （税務書類） 　申告書，申請書，請求書，不服申立書，届出書，報告書，申出書，申立書，計算書，明細書，その他これらに準ずる書類
税務相談	税務相談とは，「税務官公署に対する申告等，第1号に規定する主張・陳述又は申告書等の作成に関し，租税の課税標準等の計算に関する事項について相談に応ずること」をいう。相談に応ずるとは，相談を受けて意見を述べたり，教示したりすることであるが，その内容は相談者（納税者）の個別具体的な納税義務に係るものであって，単に仮定の事例に基づいた計算や一般的な税法の解釈などは税理士業務としての税務相談には該当しない。

（出所）日本税理士会連合会「業務対策部」ホームページ参照。(http://www.nichizeiren.or.jp/suggestion/1-13/2.html)

(3) 東アジアの税務専門家制度

　東アジア地域において法律により税務に関する資格を付与されている専門家（プロフェッショナル）としては，図表8-11に示すように，「税理士」（日本国），「税務士」（大韓民国（以下，「韓国」とする）），及び「注冊税務師」（中華人民共和国（以下，「中国」とする））が挙げられるが，1961年に創設された韓国の税務士制度は，業務内容において日本の税理士制度に近似した存在である。

　一方，中国の注冊税務師の事務所数（法人数）は，10億人の人口に比べて約2千社と僅少であるため（日本国の税理士数は，人口1億人に対して約7万人），今後の経済的発展を考えたならば増加することが予測される。

　また，日本の税理士制度は，優れた税務専門家制度として海外からも注目を浴びており東アジア地域以外のモンゴル，ベトナム，及びインドネシアにおいても税務専門家制度の導入が検討されている。例えば，2012年12月，モンゴルでは，税務相談業務に関する法律が制定されている。

【図表8-11】東アジアの税務専門家

[捕捉資料] 税理士試験の概要

(1) 目的
　税理士試験は，税理士となるのに必要な学識及びその応用能力を有するかどうかを判定することを目的として行われる。

(2) 試験科目
　試験は，会計学に属する科目（簿記論及び財務諸表論）の2科目と税法に属する科目（所得税法，法人税法，相続税法，消費税法又は酒税法，国税徴収法，住民税又は事業税，固定資産税）のうち受験者の選択する3科目（所得税法又は法人税法のいずれか1科目は必ず選択しなければならない。）について行われる。
　なお，税理士試験は科目合格制をとっており，受験者は一度に5科目を受験する必要はなく，1科目ずつ受験してもよいことになっている。

科目	出題範囲
簿記論	複式簿記の原理，その記帳・計算及び帳簿組織，商業簿記のほか工業簿記を含む。ただし，原価計算を除く。
財務諸表論	会計原理，企業会計原則，企業会計の諸基準，会社法中計算等に関する規定，会社計算規則（ただし，特定の事業を行う会社についての特例を除く。），財務諸表等の用語・様式及び作成方法に関する規則，連結財務諸表の用語・様式及び作成方法に関する規則
消費税法又は酒税法	(1) 当該科目に係る法令に関する事項のほか，租税特別措置法，国税通則法など当該科目に関連する他の法令に定める関係事項を含む。
法人税法	
相続税法	
所得税法	
固定資産税	(2) 当該科目に係る地方税法，同施行令，施行規則に関する事項のほか，地方税法総則に定める関係事項及び当該科目に関連する他の法令に定める関係事項を含む。
国税徴収法	(1)と同じ。
住民税又は事業税	(2)と同じ。

(3) 合格
　合格基準点は各科目とも満点の60パーセントである。
　合格科目が会計学に属する科目2科目及び税法に属する科目3科目の合計5科目に達したとき合格者となる。

(出所) 国税庁「税理士試験の概要」参照。
(https://www.nta.go.jp/taxes/zeirishi/zeirishishiken/gaiyo/gaiyou.htm)
(https://www.nta.go.jp/taxes/zeirishi/zeirishishiken/qa/qa01.htm)

事項索引

青色申告制度……………………… 107
EU 関税の撤廃…………………… 157
いざなぎ景気……………………… 50
一般会計……………………… 59, 63
井上 馨…………………………… 9
井上準之助………………………… 39
岩戸景気…………………………… 50
宇垣軍縮…………………………… 35
営業税………………………… 17, 32
塩税………………………………… 40
大きな政府………………………… 53
大隈重信…………………………… 11
大久保利通………………………… 9
思いやり予算……………………… 84
課税年度独立の原則…………… 117
官営模範工場……………………… 3
間接税……………………………… 46
神田孝平…………………………… 7
銀行税条例………………………… 98
建設国債（4条国債）…………… 71
クラウディング・アウト効果…… 74
経済安定9原則…………………… 48
欠損金繰越控除制度…………… 117
公的供給…………………………… 58
公共財………………………… 53, 57
公共部門…………………………… 55
公的債務…………………………… 68
皇室経済自立主義………………… 60
皇室会計令………………………… 61
国債………………… 18, 46, 65, 68, 73
国会議決主義……………………… 62

国税通則法……………………… 163
国庫支出金………………………… 64
国税庁…………………………… 163
後藤新平…………………………… 24
児玉源太郎………………………… 24
財政………………………… 1, 32, 52, 76
財政法（第4条）…………… 68, 71
財政投融資制度…………………… 65
財政民主主義……………………… 59
事業承継税制…………………… 136
支那事変特別税…………………… 41
支払猶予令（モラトリアム）…… 33
市場の失敗………………………… 53
社会保障と税の一体改革………… 77
シャウプ勧告…………… 99, 132, 171
宗教法人………………………… 121
宿泊税……………………………… 96
消費税…………………………… 141, 147
消費税の軽減税率…………… 142, 148
消費税の仕入税額控除………… 147
消費税の輸出還付金…………… 150
酒税税則…………………………… 13
酒税法…………………………… 152
所得税…………………………… 99, 104
小規模宅地等についての相続税の課税価格
　の計算の特例………………… 134
神武景気…………………………… 50
政府の役割………………………… 52
税務署長…………………… 157, 165
税務行政（組織）……………… 163
税務調査………………………… 166

税理士（制度）	163, 171
税理士法	171
西南戦争	11
世代会計	67
専売特別会計	40
相続税	32, 126
相続税の法定相続分	128
租税	6
租税競争	112, 126
租税輸出	96
贈与税	126
大東亜共栄圏	41
台湾総督府	23
台湾総督府の特別統治主義	23
タックス・ヘイブン（Tax Haven）	135
小さな政府	53, 58
地租改正	6, 10
地方債	68
地方交付税交付金（制度）	94
地方財政	91
地方財政計画（案）	94
朝鮮総督府	25
朝鮮総督府特別会計	28
朝鮮鉄道会計	28
通達の規制	165
田租改革の建議	8
特例公債（赤字国債）	73
特別会計	63
ドッジ・ライン	48
取引相場のない株式等に係る特例	138
内部留保金課税制度	121
ナショナリズム	1
二元的所得税	106
日・EU 間の関税撤廃	157
日清戦争	13
日米地位協定	87
日露戦争	13

日本資本主義論争	10
日本国憲法	59
農地等を相続した場合の納税猶予の特例	134
バブル景気・バブル崩壊	50
ピグー税	54
付加価値税	144
富国強兵	2
富裕税	99
復興債	71
ファミリービジネス	136
プライマリーバランス	41, 66
ふるさと納税（制度）	108
包括所得税論	106
法人税	33, 112
法人事業税（外形標準課税）	124
法定外目的税	96
法定外普通税	96
法定相続分（課税方式）	133
松方正義	11, 20
巻煙草税	40
満州事変	39
密造酒取締り事件	18
陸奥宗光	9
明治維新	1
明治憲法	59
リスク・シェアリング機能	73
臨時軍事費特別会計	18, 39
連結納税制度	117
夜警国家	53
山梨軍縮	35
遺言	125
由利公正	11
予算（制度）	59, 64
ワシントン海軍軍縮条約	33

参考文献

有尾敬重著,『本邦地租の沿革』(御茶ノ水書房, 1977年)
安藤　實著,『日本財政の研究』(青木書店, 1996年)
飯沼二郎著,『石高制の研究―日本型絶対主義の基礎構造』(ミネルヴァ書房, 1974年)
石　弘光著,『現代税制改革史』(東洋経済新報社, 2008年)
井出文雄著,『要説近代日本税制史』(創造社, 1955年)
井堀利宏著,『財政学〔第4版〕』(新世社, 2013年)
鵜澤義行著,『幕末政治思想の史的展開』(三和書房, 1975年)
鵜澤義行著,『近代日本政治史Ⅰ』(八千代出版, 1978年)
宇野弘蔵編著,『地租改正の研究　上・下巻』(東京大学出版会, 1957・1958年)
宇野弘蔵編著,『地租改正の研究　下巻』(東京大学出版会, 1958年)
浦野広明著,『納税者の権利と法』(新日本出版社, 1998年)
大平善悟著,『日本の安全保障と国際法』(有信堂, 1959年)
大内　力著,『日本資本主義の農業問題（改訂版）』(東京大学出版会, 1953年)
岡　義武著,『近代日本政治史Ⅰ』(創文社, 1977年)
小野武夫著,『徳川時代の農家経済』(松厳堂書店, 1926年)
小栗崇資・谷江武士編著,『内部留保の経営分析　過剰蓄積の実態と活用』(学習の友社, 2010年)
金子　宏,『租税法〔第19版〕』(弘文堂, 2014年)
川田　剛,『租税法入門〔3訂版〕』(大蔵財務協会, 2007年)
川上高司著,『米軍の前方展開と日米同盟』(同文舘出版, 2004年)
北岡伸一著,『日本陸軍と大陸政策』(東京大学出版会, 1978年)
北島正元著,『日本近世史』(三笠書房, 1939年)
北野弘久著,『現代企業税法論』(岩波書店, 1994年)
北野弘久・小池幸造・三木義一編著,『争相続税法〔補訂版〕』(勁草書房, 1996年)
北野弘久著,『税法問題事例研究』(勁草書房, 2005年)
古島敏雄・永原慶二共著,『商品生産と寄生地主制』(東京大学出版会, 1954年)
古島敏雄編著,『日本地主制史研究』(岩波書店, 1975年)
湖東京至著,『消費税法の研究』(信山社出版, 2000年)
小林幾次郎著,『租税概論』(三和書房, 1972年)
小林考輔著,『憲法学要論』(勁草書房, 1971年)
小林平左衛門著,『日本農業史の研究』(農業評論社, 1952年)
倉科敏材著,『ファミリー企業の経営学』(東洋経済新聞社, 2003年)
先崎彰容著,『ナショナリズムの復権』(筑摩書房, 2000年)
坂入長太郎著,『明治前期財政史〔改訂版〕』日本財政史研究Ⅰ(酒井書店, 1989年)
坂入長太郎著,『明治後期財政史〔改訂版〕』日本財政史研究Ⅱ(酒井書店, 1989年)
佐藤　功著,『日本国憲法概説〔全訂第5版〕』(学陽書房, 1996年)

佐藤　進・関口　浩共著,『財政学入門〔改定版〕』(同文舘, 2007年)
佐藤雄介著,『近世の朝廷財政と江戸幕府』(東京大学出版会, 2016年)
芝原拓自著,『明治維新の権力基盤』(御茶ノ水書房, 1970年)
鈴木武雄著,『財政史』(東洋経済新報社, 1962年)
関　順也著,『明治維新と地租改正』(ミネルヴァ書房, 1967年)
高木勝一著,『日本所得税発達史』(行政苦情, 2007年)
髙沢修一著,『ファミリービジネスの承継と税務』(森山書店, 2016年)
高橋是清著, 上野　司編著,『高橋是清自伝　下巻』(中央公論新社, 1976年)
田中　彰著,『明治維新政治史研究』(青木書店, 1968年)
田中二郎著,『租税法〔第3版〕』(有斐閣, 1990年)
土屋喬雄著,『日本経済史概要』(岩波書店, 1934年)
土屋喬雄著,『続日本経済史概要』(岩波書店, 1939年)
土屋喬雄著,『維新経済史』(中央公論社, 1942年)
遠山茂樹著,『明治維新』(岩波書店, 1986年)
戸波江二著,『憲法〔新版〕』(ぎょうせい, 1998年)
富岡幸雄,『検証　企業課税論』(中央経済社, 2018年)
中野目　徹著,『明治の青年とナショナリズム』(吉川弘文館, 2014年)
中村吉治著,『日本封建制再編史』(三笠書房, 1939年)
奈倉文二著,『日本軍事関連産業史』(日本経済評論社, 2013年)
長尾一紘著,『日本国憲法〔全訂第4版〕』(世界思想社, 2011年)
野呂栄太郎著,『日本資本主義発達史』(岩波書店, 1954年)
服部之総著,『明治維新史・唯物史観的研究』(大鳳閣書房, 1930年)
服部之総著,『明治維新史研究』(くれは書店, 1949年)
林　栄夫著,『戦後日本の租税構造』(有斐閣, 1968年)
平井廣一著,『日本植民地財政史研究』(ミネルヴァ書房, 1997年)
平野義太郎著,『日本資本主義社会の機構』(岩波書店, 1934年)
深谷徳次郎著,『明治政府財政基盤の確立』(御茶の水書房, 1995年)
福浦幾巳編著,『租税法入門　下巻』(中央経済社, 2011年)
福島正夫編著,『日本近代法体制の形成　下巻』(日本評論社, 1977年)
福島正夫著,『地租改正』(吉川弘文館, 1995年)
藤田久一著,『国連法』(東京大学出版会, 1998年)
藤田五郎著,『封建社会の展開過程』(有斐閣, 1952年)
藤村道生著,『日清戦争』(岩波書店, 1973年)
藤原碩宣共著,『現代財政の研究』(中央大学出版部, 1999年)
細貝大次郎著,『近代日本経済史概説』(御茶ノ水書房, 1980年)
細谷雄一著,『安保論争』(筑摩書房, 2016年)
堀江英一編著,『藩政改革の研究』(御茶ノ水書房, 1955年)

堀江英一著,『明治維新の社会構造』(有斐閣, 1959年)
松沢　智著,『新版　租税実体法〔補正第2版〕』(中央経済社, 2003年)
丸山真男著,『現代政治の思想と行動　上巻』(未来社, 1956年)
三木義一著,『現代税法と人権』(勁草書房, 1992年)
水野忠恒著,『租税法〔第5版〕』(有斐閣, 2011年)
宮沢俊義著,『憲法Ⅱ新版』(有斐閣, 1971年)
森信茂樹著,『日本の税制グローバル時代の「公平」と「活力」』(PHP研究所, 2001年)
山田盛太郎著,『日本資本主義分析』(岩波書店, 1954年)
山重慎二著,『財政学』(中央経済社, 2017年)
横手慎二著,『日露戦争史』(中央公論新社, 2011年)
山本守之著,『租税法の基礎理論（増補版)』(税務経理協会, 2005年)
山本有造著,『「満州国」経済史研究』(名古屋大学出版会, 2005年)
山本有造著,『「大東亜共栄圏」経済史研究』(名古屋大学出版会, 2011年)

著者紹介

髙沢修一（たかさわしゅういち）

現在
    大東文化大学経営学部教授
    博士（経営学）
    中華人民共和国河北大学客座教授
    フェリス女学院大学国際交流学部非常勤講師
    髙沢修一税理士事務所所長

単著
    『会計学総論』（森山書店，2003年）
    『流通の経営と税務』（白桃書房，2004年）
    『会計学総論〔第2版〕』（森山書店，2006年）
    『事業承継の会計と税務』（森山書店，2008年）
    『法人税法会計論』（森山書店，2010年）
    『法人税法会計論〔第2版〕』（森山書店，2013年）
    『ファミリービジネスの承継と税務』（森山書店，2016年）
    『法人税法会計論〔第3版〕』（森山書店，2017年）
    『近現代日本の国策転換に伴う税財政改革』（大東文化大学経営研究所，2017年）
    『韓国財閥の通信簿 ―韓国ファミリービジネスの企業診断―』（財経詳報社，2018年）
        他

共著
    『納税者権利論の課題』北野弘久先生追悼論文集（勁草書房，2012年）
    『会計学はじめの一歩』（中央経済社，2012年）
    『マネジメント力の養成』（財経詳報社，2016年）
    『マネジメント力の養成（第2版）』（財経詳報社，2019年）

近現代日本の税財政制度

　令和元年5月1日　初版発行

　　著　者　髙　沢　修　一
　　発行者　宮　本　弘　明

　　発行所　株式会社　財経詳報社
　　　　　〒103-0013　東京都中央区日本橋人形町1-7-10
　　　　　電　話　03（3661）5266（代）
　　　　　ＦＡＸ　03（3661）5268
　　　　　http://www.zaik.jp
　　　　　振替口座　00170-8-26500

落丁・乱丁はお取り替えいたします。　　　印刷・製本　創栄図書印刷
©2019　Syuichi Takasawa　　　　　　　　　　　　　　Printed in Japan
　　　　　　　ISBN　978-4-88177-458-8